烹饪大师之路

周承祖 著

中国书籍出版社
China Book Press

图书在版编目（CIP）数据

烹饪大师之路 / 周承祖著 . -- 北京 : 中国书籍出版社 , 2020.12

ISBN 978-7-5068-8329-0

Ⅰ . ①烹… Ⅱ . ①周… Ⅲ . ①周承祖—传记 Ⅳ . ① K828.9

中国版本图书馆 CIP 数据核字 (2021) 第 010206 号

烹饪大师之路

周承祖　著

图书策划	成晓春　崔付建
责任编辑	邹　浩
责任印制	孙马飞　马　芝
出版发行	中国书籍出版社
地　　址	北京市丰台区三路居路 97 号（邮编：100073）
电　　话	（010）52257143（总编室）（010）52257140（发行部）
电子邮箱	eo@chinabp.com.cn
经　　销	全国新华书店
印　　刷	三河市华东印刷有限公司
开　　本	650 毫米 ×940 毫米　1/16
字　　数	206 千字
印　　张	16.5
版　　次	2021 年 3 月第 1 版　　2021 年 3 月第 1 次印刷
书　　号	ISBN 978-7-5068-8329-0
定　　价	68.00 元

中国烹饪大师周承祖

周承祖一家人

周承祖夫妇（左为夫人孙玉兰）

周承祖全家福

周承祖的父亲周明贤

二十岁时的周承祖

周承祖的岳父母孙松林、范秀珍

周承祖岳父孙松林绘制的《百岁松》

周承祖岳父孙松林绘制的《百蝶图》

周承祖夫妇与部分徒弟的合影

周承祖和中国烹饪泰斗胡长龄大师在一起

周承祖和加拿大烹饪大师在交流烹饪技艺

周承祖和澳大利亚国家大厨交流烹饪技艺

周承祖
注册号：CA10-0383

荣誉

工作中

传授烹饪技艺

烹饪作品——辽参狮子头

烹饪作品——红焖羊肉

烹饪作品——菊花鲈鱼

烹饪作品——凤凰吹牡丹

烹饪作品——芙蓉原壳大海螺

烹饪作品——连云雪丽蟹

烹饪作品——原笼海鳗

烹饪作品——菇托牡丹

烹饪作品——云台锦鸡

烹饪作品——孔雀开屏

目录

序

中国烹饪协会会长　姜俊贤

连云港是一个与饮食文化有深厚渊源的城市。

商代开国贤相，有“中华厨祖”“汤药之祖”的伊尹三千五百年前曾在连云港的伊芦山结草为庐，隐居修炼。

连云港古称海州，北接齐鲁，南连淮扬，既继鲁菜之神韵，又承淮扬菜之魂魄。中华八大菜系，竟兼容其二，可谓得天独厚，领风气之先。

自古以来，苏北一带便流传着“穿海州，吃板浦”的说法。海州有着几千年的历史文化积淀，饮食文化是其中重要的一个组成部分。清代著名文人、大美食家袁枚，就曾对海州当地的饮食文化和名食板浦滴醋有过高度的评价。

连云港还是一个山海相拥的城市。云台山方圆约一百八十平方公里，峻峰深涧，奇岩坦坡，各种山珍遍布。海州湾大海扬波，风光秀丽，海岸线长达二百多公里。特别是海州湾渔场是中国八大渔场之一，各种海鲜应有尽有。餐饮界有一个形容美食至味的名词，叫山珍海味。民间也有一个俗语，叫靠山吃山，靠海吃海。因此，有山有海的连云港在发展饮食文化上有着先天的优势条件。

一方水土养一方人。连云港深厚的饮食文化和独特的山海文化造就了一个享誉全国的厨艺大师——周承祖。

周承祖出生在老海州城的名门周家，两岁时便失去了母亲，十岁出头的时候，他的父亲遭遇了不幸，加上“唯成份论”的偏见，可谓历经了生活各种各样难以想象的磨难。但在多舛的命运前，他没有低头，以超乎常人的意志顽强地抗争。他自幼学习厨艺，从最基层的打杂开始，刻苦学习，坚忍执着，风风雨雨六十年，遍尝人生的酸甜苦辣，一步步地走向厨艺的巅峰，也走向他人生的新高度。

如今，周承祖已是改革开放后第一批五十五位中国烹饪大师之一，二〇一七年被中国烹饪协会授予元老级注册中国烹饪大师称号。

欣闻近日周承祖大师写了一本自传体的书稿，书名叫《烹饪大师之路》，有幸先睹为快。读了这本记述了周大师人生经历和从业经历的书，有三点切身的感受：一是从新的视角对周大师的为人为艺经历有了全面的认识和了解。二是对他在餐饮技艺所取得的成绩感到由衷的敬佩。三是他驾驭文字的功底十分了得。

综观全书，我发觉周大师分明是一位讲故事的高手。从他童年所受的苦难到参加工作的一张工作登记表；从两个师父的谆谆教诲到他的巅峰之作一分四十六秒活炒仔鸡；从走上领导岗位到他操笔著书《承祖菜谱》的问世……一个个故事讲得活色生鲜，细致入微，生动感人。

从这本书稿中我还看到，虽然命运对他多有不公，但周大师始终对社会、对生活怀揣一颗赤子之心，不失一缕凌云之志。他对父母的怀念、对师傅的感恩、对朋友的真挚、对弟子的关爱，此情此意，溢于笔端，令人动容。

不自弃，不放弃。爱生活，爱专业，爱身边所有的人。这本书告诉我们：大师，是这样炼成的。

是为序。

第一章

周家身世

童年的苦难

我的祖籍是江苏省苏州市金阊门外石路。大明洪熙元年（1425年），周家老祖周良玉携着周家三兄弟，随军逃荒来到今天的连云港，落脚在海州东的临洪滩，住在大海边，以晒盐和磨豆腐糊口。

树大分枝，人大分家。老祖宗三弟兄各自操业。老祖周福祥、老太陈氏在临洪滩开办一家豆腐坊，老太所做豆腐嫩而有劲，弹性好，色白如玉，醇香味浓，口感细腻。豆腐坊在临洪滩远近小有名气，生意越做越好，豆制品如千张、茶干、豆泡等，应有尽有，而且质量上乘，很受乡里乡亲的认可，真是“生意兴隆，财源广进”。

这时，海州、新浦的商业发达，繁荣昌盛。周家的发展进入一个黄金期，拥有房屋大片、良田千亩，家大业大，人丁兴旺，子孙繁衍，在临洪滩享有不小名声，成为赫赫有名的财主。这样的好光景，绵绵延续数百年，家里人为耕为读，安居乐业。

旧军阀年代里，我的爷爷周芹香是当时新浦商会会长，主掌国民时期的港城商业。父亲老弟兄五人，还有一姐一妹，共有兄妹七人。大伯、二伯、四叔、五叔都以做官、执教、经营为业。

我的父亲叫周明贤，自幼聪颖好学，喜爱读书，学习刻苦认真。他早年毕业于东海师范，曾在日本留学，毕业于东京大学，回国后，在上海一家美国亚西银行做职员。

一九四二年十一月十七日，我出生在江苏连云港，老太爷给起了乳名“鸿禧”，一是因为这个“鸿”意味鸿运当头，能给全家带来大鸿大喜，同时也希望能给病中的我妈带来运转、带来健康；“禧”代表男孩，我的上面已经有了一个姐姐，叫周承芬；二是在我出生时，也怪，一落地时，哭叫声很大，哇哇几声后，一下子就不哭了，周围大人们听到的全是笑声。老太爷看我总是笑眯眯的，说这孩子乌眉大眼，五官端正，今后肯定有出息，能为周家争光争彩，继承祖业，所以就起了大名——周承祖，却没想到这个名字在后来的一段岁月中给我带来了不可修复的内伤。

我出生时，正值日本鬼子侵略中国，社会上到处兵荒马乱。我父亲去了上海工作，没过多久，我不到两岁时，母亲身患重病，由于得不到及时治疗，最终离开人世。于是，我便在奶奶家生活了，后来跟随继母去上海父亲处生活，读了三年小学；一九五〇年，父亲到了广东工作，我跟随在他身边上学读书；一九五五年，中学还没毕业，父亲离世，我又回到了连云港。

年幼时，因为家庭困窘、环境复杂，可想而知，没有人想收留我。那是个社会困难时期，有可怜我的好心人说：“周承祖，谁家不困难啊，谁敢收下你啊？”那时，正常家庭只要能有口饭吃，就会觉得满足、幸福了。

我跟随继母和弟弟，还有一个妹妹，在外婆家生活，生活来源全靠姐姐周承芬，她每月从广东肇庆寄来十五元钱。别人家的孩子读书接受教育，有着自食其力的工作，我呢？幼年就失去母爱、父爱，没有快乐，没有幸福，过着流浪的生活，每天是有一点吃一点，没有就算。冬天，下雪了，零下十几度，没有棉衣穿，连棉鞋都没有穿过，更谈不上穿过袜子。寒冬腊月，河里结冰，我在上面推着木轮车走。滴水成冰的天气里，我在街上用五分钱买一双农民到城里来卖的手编“毛窝”的草毛花棉鞋，虽然不好看，但总比光着脚强多了；寒风呼呼叫，我冻得受不了，身边两位小朋友的妈妈可怜我，送给我破单裤，将裤脚用小绳子扎起来，到芦苇沟边，将芦苇花摘下来，放到两条破单裤的夹层中间取暖。现在想一想，当时的做法很像航天员穿的航天服，穿得厚实一点总比穿得单薄要暖和多了。

天越冷肚子越饿，肚子越饿，越觉得浑身发冷。还有一个要命的事情——没吃的。家里穷，没有吃的，怎么办？到野外的草地里，挖人家地里的萝卜吃。谁知，吃了萝卜，肚子更饿。我会游泳，就去河里捉一些小鱼、小虾，把鳞壳一去，送嘴里就吃了，也能挡些饥饿。

小时候，我经常想赚点钱，买点东西吃，于是到郊外荒野里，割些青草，背到连云港市食品公司，卖给他们喂牛、喂羊。一天下来，我割的青草能卖个一二毛钱，心里好高兴，好满足，要知道，这一二毛钱算不少啦，拿到新浦民主路的一家职工饭店里，用五分钱能买到一碗大米干饭。我用一毛钱买了两碗大米干饭，没有钱买青菜吃，更谈不上炒、烧什么菜了。店厅里的餐桌上放着酱油、醋之类的调味料，免费提供给就餐顾客，正好为我提供了方便，往碗里大米干饭倒点酱油，用筷子一拌，带点淡淡的咸味，三五口就能扒光一碗饭。我是背着饭店的人做这样的事，店方不许可小孩这样做，他们主要是照顾那些大人吃饭吃菜能有口味，小孩花一毛钱买两碗饭，再用上店家的酱油，店家赚的钱少，哪能高兴？有一次，我在倒酱油拌饭时，被店家发现了，被他们朝头上扇了一巴掌，我没有在意，你打你的，我吃我的。

穷人的孩子吃得住苦。我没有饭吃，没有衣穿，根本不在乎，对于我来说，习惯了，咬了咬牙也就过去了。我最在意的是不能上学读书。我非常想上学，可是没有钱，上不了学。我经常在南广场，也就是现在的人民体育场，蹲在烂泥地上，用小树枝在泥地上写字，既不花钱，又好写，写完后用脚踏一踏，再写。过年时，我跑到人家大门前看春联，看上面写什么，琢磨含意。这些春联，内容很多，含意很深，笔锋刚劲有力，字体美观大方。有时候，我在人家门口琢磨春联，一站就是好长一会，逐字逐句地琢磨，有些春联的句子不够顺畅，不够押韵，我在心里把它改动一下，觉得更妥协、更顺眼了。直到现在，看到别人的书法作品，我也非常感兴趣。我这样做，主要是为了学习知识，做厨师的也需要增长见识。还有，我也喜欢写字。春节时，有人找我写对联，我会别出心裁地用菜肴的名称组成春联的内容，比如，在筵席中出现的花色冷盘“春色满园”，是用各种五颜六色的食材，荤素搭配而成，再通过刀功把它拼摆成一个色香味形俱佳的大花拼盘，在它周围放上六味或八味小碟，便成为这桌筵席的冷菜。我写的春联上联是“凤凰展翅百花齐放”，下联是“孔雀开屏万紫千红”，横批是“春回大地”。这副春联由五道菜肴组成。还有，上联是“龙凤呈祥全家福”，下联是“鸳鸯戏水春满园”，横批是“金玉满堂”。

童年的苦难刻骨铭心。我在继母的娘家生活，每天睡在地板上，外婆家里穷得没有一张像样的床，我和弟弟睡在稻草上，没有被子，身上盖着破棉袄；一天吃两顿饭，早饭是十点钟左右吃，晚饭是下午四点钟吃，晚上饿得慌就睡觉，睡着了就不知道饿了；我从来没去过澡堂洗澡，都在大河里泡泡、搓搓，从来不换洗衣服，也没有衣服换洗，连续几年都穿着老父亲生前留下来的旧衣服。冬天里穿的一件黑棉袄，两三年都没洗过，等到下雨、下雪天，在雨雪中一冲一泡，就算洗了。不过，黑棉袄在雨雪中一冲一泡，倒还真是干净不少呢。我记得，一九五六年中秋节，家里没有饭吃，有些人家吃大鱼大肉，有的人家买来河里的大螃蟹，品咂得有滋有味。我看了，眼馋，可没钱买，想到了下河里去摸。到了河里，我摸了几个大螃蟹，拿到家交给继母，用锅煮了，全家人尝了一次美味，也算过节了。

东京大学毕业的父亲

父亲给我的印象太深了，虽然当时我的年龄还小。

父亲周明贤，号周一卿，一九〇八年出生，毕业于东海师范，留学于日本东京大学。回国后，回到连云港，从事教育工作，曾任日伪时期的连云港第三小学校长，也就是现在的建国路小学。父亲身高过一米八，大眼睛，高鼻梁，身材瘦削，谈吐斯文，聪明精干，待人和气，非常受人尊重，在临洪滩称得上是一位非常难得的好先生。

父亲精通多国语言，如日语、英语、朝鲜语、俄语等。他的数学功底特强，能两只手同时打两把算盘，边上两个人各报各的数据，他都能精准无误地完成计算。

父亲曾任上海亚西银行的副行长，精通金融业务，干得顺手，成为业内数得上的一把好手。当时，我的家住在现在的上海浦西虹口区横浜路三十五弄，是租的房子，叫景云里。我记得很清楚，二楼是两间房子，面积不大。据说，二十世纪的二三十年代，鲁迅、陈望道、茅盾、叶圣陶、冯雪峰、周建人等一大批名人就居住在此，他们从事创作、编刊，领导和组织革命文学活动。

我们住的景云里条件很好，邻里关系和睦。我们一家五口（我爸、我继母、姐姐周承芬、弟弟周承示和我）都住在这里，生活非常便利。一九四九年，我姐姐年仅十五岁，她懂事早，为了谋生，每天起早贪黑，推个小玻璃车，在街口销售香烟，收入很微薄，仅能给家里添加点补贴，生活异常艰辛。我姐姐不怕苦，不怕累，为了家庭，默默地奉献。

一九四九年前夕，父亲在东海师范的一位老同学（他的姓名现在记不清了），曾是国民党统治时期的江苏省宿迁县县长，来到我家，见了我父亲，谈到上海即将解放，新的政府将会对历史上有问题的人采取如何如何的政策。两人经过商量，决定不如一起去台湾。我父亲的思想斗争很激烈，考虑是去台湾还是留在上海，好几天吃不好，睡不安。他想：虽然未做过什么损害国家和人民的坏事，但自己在日本留过学，日本鬼子在侵略中国时烧、杀、抢、夺，强奸妇女，无恶不作，中国人民永世不可忘却，这种仇恨会不会牵累自己呢？但父亲又心想，如果自己去了台湾，这一家老小怎么办？他看着当时在上海的一家人，愁眉不展。父亲是一个对家庭有担当的人，考虑再三，仍然拿定不了主意……就在此时，他的那个老同学又来到我家，叫我父亲跟他走，现在就走，一分钟都不能耽误，因为今天轮船就要离开上海前往台湾！父亲没有退路了，下定决心，随他去了码头。父亲是含泪离开我们的，出门时，眼睛一直舍不得离开我们。父亲登上了准备去台湾的轮船，就在轮船即将开出时，他又反悔了，下定决心不去台湾了。他的老同学又气又急，可没法子拉住去意已定的父亲。临下船时，父亲从衣兜里掏出准备带去台湾的五根金条，交给了老同学，说：“这几根金条留给你，带着到台湾用，一个人在台湾，亲人不在身边，不容易。我家还有四口人在上海，我不能走，你走吧！”轮船又拉起响笛，马上就要开船。父亲见状，立马走下轮船。很快，轮船启动了，慢慢离开码头。

父亲和他的老同学挥手再见后，回到了家中，把这段经历全程讲给了我的继母听。后来，我的继母又把父亲这段历史讲给我和弟弟听。弟弟周承示听了以后，想到父亲送出的五根金条，要是能找到那个国民党的宿迁县县长，讨回几根或要点资助，就能改善现在贫困的生活。可是，那位县长叫什么名字？现在他还活着吗？即使知道是谁，怎么打听此人？

一家人考虑再三，又算了，就当作没有这码事。

父亲常常出现在我的记忆里，没法忘掉。父亲在文艺方面有一定的天分。记得在一九五二年，广东省人民银行搞了一次文艺演出，那时正值抗美援朝，中国人民志愿军赴朝参战，抗击美帝国主义侵略朝鲜，上甘岭战役一战中，双方伤亡惨重，最终把美国打得落花流水，美军被迫要求停战，在板门店签订停战协议。国内到处是欢声笑语，报刊上大力宣传报道志愿军的感人事迹和丰功伟绩。当时，广州银行编排一个“打败美国佬”的话剧，父亲在剧里扮演了一个“美国佬”，演得很像，他个子高，瘦瘦的，高高的鼻梁，大大的眼睛，又穿上一身剧装，活像个“美国佬”。我在舞台下面看了父亲的演出，听到观众对父亲一致好评，心中为有这样的父亲自豪。现在，我还时刻怀念他老人家。

父亲还是一个业余烹饪爱好者。工作之余，他经常利用业余时间到厨房里给全家人做好吃的，常做的有糖醋排骨、红枣炖蹄膀、丁香风鸡、砂锅羊肉、鸡油菜心、花椒藕饼、八宝甜饭、广式油鸡和大红枣炖羊肉等。其中大红枣炖羊肉是我们周家的祖传菜，是我爷爷的拿手好菜，以前每到冬天，老爷爷经常亲自做这道菜给我们吃，大家都很喜欢吃。还有，爷爷还会做风鸡，选用三四斤重的花公鸡，先叫人把花椒、丁香和大粗盐放在铁锅里炒透后，取出晾凉备用。大公鸡杀后无须烫毛，在翅膀下用刀开一个小口，取出鸡的内脏，然后把晾凉的花椒、丁香和生姜片、大葱段一起放入鸡的腹腔里，反复搓透几分钟后，先将鸡头塞到鸡翅下的刀口里，然后把鸡腿、鸡脚别过来，再把两只翅膀别紧后，用事先准备好的稻草绳从上到下排好扎紧就算完成了。最后，把扎好的花公鸡挂在北墙的通风背阴处，再过约一个月的时间就成功了。过年时，把鸡毛摘净，去掉腹腔里的材料，用水清洗干净，先入锅用开水烫一下，再清洗干净，放入锅中加水蒸上三十分钟出笼晾凉，食用时，撕下鸡肉即可食用。这道菜属于冷菜，是佐酒佳肴。我们周家是个大家庭，每次吃饭，一开桌就是几十个人。父亲善动好学，学会了做风鸡、风鱼、猪头糕和灌香肠、腌咸肉等手艺。

父亲平时喜欢喝点小酒，所以偏爱研究下酒菜。有时我会想，他老人家可能从来就没想到儿子周承祖日后竟是一个厨师，还是一个元老级注册中国烹饪大师。老人家要是健在的话那该多好，我这个当儿子的一定会好好地尽尽孝心！

三娘，我的母亲

我母亲的老家在东海县包庄小马庄。

我两岁时，母亲得了一场病，没能及时救治，离开了人世。旧社会的妇女多数没有姓名，我只知道母亲叫周马氏，这还是和我四婶聊天之中才知道的。我已记不清母亲的样子，四婶告诉我：母亲身材不高，大约有一米五八，是个五花个子。她人长得秀气，五官端正，一双骨碌碌的大眼显得很精干，做起事来干净利落，说起话来伶牙俐齿，很讨人喜欢。在我们周家这样的大家庭里，人口众多，我妈与妯娌之间相处得都很好，由于父亲排行老三，母亲顺势被叫作“三娘”。

大家都喜欢我母亲，只有当家人——我奶奶不喜欢她，奶奶说我妈妈是大老粗。

奶奶是海州有名的大小姐。海州当时有五大家族：殷、郭、沈、杨、谢。这五大家族在清末和民国时期，不得了呀！奶奶姓杨，是海州赫赫有名的杨老太爷的小闺女。杨家当时在海州家财万贯，号称海州府的杨大官人。奶奶长得贤惠、漂亮，个儿高，又有私塾文才，真正是一位大家闺秀。我母亲是农村来的村姑，没有文化，说话直来直往，显得粗糙，不讨我奶奶的喜欢。另外，我父亲是弟兄中间有文化的，出类拔萃，一表人才，奶奶心里就更有疙瘩，更看不惯我母亲。我妈患病了，父亲忙着他的事情，照顾不到我母亲。姐姐才十岁，还不懂事，妈妈生病也帮不了什么大忙，一切都是奶奶操持。奶奶根本就不把我母亲的病当回事，母亲的身体每况愈下，一天不如一天，离世时才三十岁。

四婶告诉我，母亲患的是一种小毛病，现在叫“带状疱疹”，老话叫“蛇胆疮”，就是在腰身四周起一串小红泡，很疼，很难受，人会发低烧。治这种病的老方法就是用老农民的烟袋油，涂抹在小红泡上，一天涂抹几次，经常喝水，不要感染，不要发烧，就能治好。这种病如果得不到及时治疗，得不到控制，小红泡往腰身两边发展，一旦延伸到头，人就不行了。我母亲得了这病，未能及时治疗，抛下我和姐姐走了，实在太可惜了，让我至今心痛不已。

母亲的逝去，奶奶有着不可推卸的责任。

我的继母，我的娘

我的继母叫刘鸿娴，号刘贞明，一九二〇年出生，连云港市富安镇人。我的外公叫刘振锡，系富安刘家老二。刘家在富安是大资本家、大地主家庭，在新浦同兴街有两座油坊、一大片房产，在富安有千亩良田。我的继母有兄弟姊妹四人，大哥刘有森，幼年参加革命，早年入党，一九四九年后任新海电厂第一任厂长，后被组织调到大庆市任大庆油田党委书记、总工程师。两个妹妹，一个叫刘进明，早年参加革命，后被安排在新疆乌鲁木齐市公安局工作；小妹叫刘曙明，在天津市工作。

我的继母为人非常好，心地善良，幼年生长在富贵家庭，由专人负责她的教育、学习，因而知书达理，知识渊博，有文化修养，字写得特别好看。我两岁时，她嫁到我家，待我特别好，教我认字、写字，讲一些古代故事和历史典故给我听。我叫继母“娘”，一直这样叫。娘长得很清秀，一米六六的个子，浓眉大眼，高高的鼻梁，很有气质。

我随娘从连云港到上海，又从上海到广东云浮。一九五四年，在我父亲去世后，我才跟随娘从广东云浮回到家乡连云港，当时回来的还有我的弟弟周承示、妹妹周健。

回到连云港时，我们无家可归，投奔谁？娘带着我们三人去投奔她的妈妈（我的外婆刘徐氏）。外婆当时就一个人，住在自己的房子里，另外还有其他房产，光一个大楼就有二百多平方米，东屋有六十多平方米，西屋有六十多平方米，前面过道有六十多平方米，过道给同兴街居委会做办公室用；其他房子租给居民，每月能收三十多元的房租，作为外婆的生活开支是足够的。

娘带着我们全家来到外婆家，实际是沾了外婆的光了。外婆成天很少有笑脸，她老人家不喜欢我，经常拿木棍追打我。

娘年幼时患上了中耳炎，经过医治未能痊愈，一只耳朵听力下降，因而未能受到高等教育。外婆家的子女，除我娘外，都上过大学。

娘虽然没有进入正规学堂，但外公他老人家知书达理，关心我娘，特此请了一位老学者来家，专教我娘学识。娘学习非常用功，刻苦钻研，通晓历史，热爱古书，如四大名著《红楼梦》《三国演义》《西游记》《水浒传》，还有《岳飞传》等，她都读过了，经常讲给我们听，教育我们如何做人。我特别记得《岳母教子》的故事，岳飞小时候贪玩，不想学习，岳母又气又急，无奈之下砍断纺车。岳飞见了，问妈妈："你把它砍了，我们今后怎么生活？"岳母很生气地说："我织布，起早贪黑，辛苦都是为了你，你不好好学习，成天贪玩，我这样辛苦，有什么用呢？更不要说指望你早日成才，为国为家效力……"听了岳母的肺腑之言，岳飞感动了，跪在妈妈身边，要求受罚，表示痛改前非。岳母看到儿子真情实意的举动，心中十分高兴，在岳飞背上刺了"精忠报国"四字，从此，岳飞用功学习，后来成了国家栋梁之材。

娘会写一笔好字，不论钢笔还是毛笔字，写得都很好。我小学是在广东读书，课堂上用毛笔写字，一块砚台、一个墨块，磨成墨汁，把字写在宣草纸的作业本上。娘教我写字讲究字形，下笔要掌握好“轻、重、缓、急”。写好字确实不容易，我经常在南广场烂泥地上练写字，在一些有灰的玻璃窗上写字，用小树枝、小石块、手指头写字。每次在烂泥地上写完字，用脚踏踏平，在上面继续地写，反复地写，字写得越来越好。

娘教会我写信。姐姐在广东肇庆，我一想起姐姐就写封家信给她，跟她汇报一下连云港家乡的生活状况。家里生活很困难，吃没得吃，穿没得穿，姐姐看了信，有时候给家里寄来一点钱，日子就好多了。

娘还教我打算盘，要求我先把口诀写下来，再背下来，反复地背，口诀会了，算盘就容易打了。打算盘先加减，后乘除，从一加一开始到九九归一。从一、二、三、四、五、六、七、八、九,一直加到、还原到九、八、七、六、五、四、三、二、一为止。这样一天练很多遍，反反复复直至熟练。学会了算盘，对于我学厨也是很有用的，饮食行业每天都要计算用料，核算成本，掌握合理的毛利率，做营业报表，既不能亏损，也不能苛刻消费者，这样才能达到经济效益和社会效益的双实现，单位领导希望的“财源茂盛，顾客盈门”。

在烹饪事业上，我能取得一些业绩，与娘的教育和关心培养是分不开的，娘的功劳是不可磨灭的。

一母同生的姐姐

我的姐姐叫周承芬，一九三四年出生，她和我是一母同生，比我年长八岁。

母亲离世时，姐姐才十岁，因为年幼，我不能体会失去母亲的伤心，可姐姐开始懂事了，知道母亲没有了，肯定是万分悲恸。妈妈走了，今后谁来照顾弟弟？弟弟才两岁啊！后来，家里的长辈告诉我："你大姐对你特别关心，她时常带着你吃饭，晚上带着你睡觉，平时去新浦买菜，回来总是买点好吃的带给你吃。"姐姐对我的关心，我因为年纪太小，完全记不清了。有记忆的是，一九四九年前，临洪滩是没有什么商店的，就连买菜都得到新浦买。下雨天，我们家几十口人吃饭，每天都需要一个人专门去新浦街采购物品。我姐姐就是一个采购员，背着一个大提篮子，步行到新浦。从临洪滩到新浦的前河底将近十里路，姐姐一个十岁的小女孩，背着几十斤重的大篮子，来回步行两个小时，可想而知，多艰难，多辛苦呀！我现在心里还时刻想着姐姐，我深知姐姐也时刻把我这个没有妈妈的弟弟挂念在心头。

一九四八年，父亲把我和姐姐接去上海，和继母、弟弟周承示团聚在一起。姐姐这时十四岁。在上海，为了贴补家庭收入，爸爸替她办了一个手推玻璃香烟车，从别人店里批发一点香烟、火柴，在闹市区的马路边销售。她常常早出晚归，早饭在家吃，很简单，那时的上海人基本上都是一个样，头一天的剩米饭，第二天早上用开水泡一下，过下水，再倒入开水，配上一块大头菜或咸菜丝、雪里蕻等，早餐就算完成了。午饭就自己在外面吃，也很简单，有时候花上五分钱买碗阳春面，或是花上四分钱买两个烧饼，姐姐很满足。姐姐从早到晚跑马路，风吹日晒，特别不容易。她很少想到自己的辛苦，心里总惦记着我，心疼着我，晚上回到家里，趁大家看不见，经常在被窝里塞一个苹果给我吃，或者香蕉、橘子什么的，每次买一个，只是留给我一个人。她不让父亲、继母知道，也不让弟弟知道。

父亲去世时，姐姐已经结婚了，正身怀我的大外甥女。看到银行的党组织派专职人员遣送我的继母、弟弟、妹妹和我回老家连云港时，姐姐的眼泪直流，她不忍心我跟着继母、弟妹一起回江苏，一心想把我留下来，留在她身边。姐姐和继母商量后，继母也同意了。我一听，死活不接受这个安排，心想，姐姐刚结婚，身怀有孕，近期就会生育，如果把我留在身边，我还未成年，那会给姐姐带来多少困难和麻烦，对姐姐的身体健康和婴儿的身体健康带来多大的影响啊。我还想到，如果不随继母回江苏的话，她们母子三人的生活困难实在太大。我和姐姐再三商量，最后，对姐姐说："姐姐，我完全理解你对我的关心，我们是一母同生，我知道你一片苦心。但我要回连云港，不然就对不起死去的爸爸，她们是爸爸的家人。"

当时我才十二岁，但说出的话感动了姐姐，她同意我回老家了。姐姐最后说："你很好，我听了你的想法，我支持你，但是你一定要照顾好自己，不要让我挂念，不要让我失望。我每月给你寄钱，作为生活费。"

回来后，姐姐每月给我寄十五块钱，我拿给继母，作为一家人的生活来源。直到我参加饭店学徒了，每月有七块钱工资，我就不让姐姐给我寄钱了。这时，姐姐的孩子也多了，生活很困难，可她还是经常往我这里寄些衣服，贴补家里各人的所需。

我的姐夫叫吴坚，广东中山人，是位老革命，年轻时加入中国共产党，在中山大学上学时就加入革命队伍。现在，他住广东肇庆，是位离休抗日老干部，今年已是九十五岁的人了，不过近来身体欠佳，住在医院老干部病房。

姐姐今年八十六岁了，是广东肇庆市工商银行的退休干部。姐姐工作积极，认真负责，对工作一丝不苟，对同志特别热情，说话和蔼可亲。姐姐长得秀气，一米五八的个头，五官端正，和母亲长得很像。姐姐在银行工作几十年，从未出现过一次差错，多次在全银行系统被评为劳动模范，荣获先进工作者等光荣称号。她多次参加银行系统的技能大比赛，曾获得点钞第一名。

姐姐育有四个子女——三个女儿、一个儿子，子女们都很孝顺。四个孩子中，三个女孩都在银行工作，工作很出色，家庭都很温馨，非常幸福，我很安慰。

第二章

学徒生涯

一张工作登记表

我和继母弟妹一家四口来投奔外婆，首先向街道报告，街道把我家的情况又向“钱二姐”作了详细反映。“钱二姐”大名叫钱原祥，是连云港市公安局新浦分局浦东派出所驻同兴街、建国街的户籍民警。

“钱二姐”带领居委会的干部们来到我家，当看到我的家境时，一时说不出什么，只能先安顿下来再说。

同兴街不管大人、小孩、老人，都喊钱原祥叫“钱二姐”。“钱二姐”生于一九三一年三月五日。她心地善良，为人厚道，一米六五的大个子，长得漂亮，浓眉大眼，肤色又好，五官端正，说话和气，待人热情，工作认真，爱憎分明，在同兴街、建国街和陇东街的居民心中，“钱二姐”就是一位优秀的好民警，居民有事都找她，她也千方百计帮你解决困难。

“钱二姐”家里贫穷，住在建国街与同兴街的交接处，不到一百米的马路边，两间屋坐西朝东，门口搭上了一大间竹席棚子，用来让“钱二姐”的父母磨豆浆、做豆腐，里面有石磨、烧草锅、大缸，还挂有一个木制的晃浆布架。周边居民都喜欢到“钱二姐”家买豆腐、买豆浆，我们家也时常花二分钱到她家买豆渣回家炒着吃。那时，我家买不起豆腐，一天只吃两顿饭，上午十点左右吃一顿，下午三四点钟吃一顿，晚上没有事做，早早睡觉。

“钱二姐”看到我家生活困难，和居委会的李大娘都很着急，又没有好办法，我年龄小，别的活不能干，只能给我安排一些小泥瓦工，做个小工，每天能挣八角钱。不能外出做活时，我便去野外割点青草，卖给市食品公司喂羊、喂牛，割的草一天能卖上一角多钱，一顿饱饭就有希望了。

一九五七年，好运来了，李大娘和“钱二姐”找到我，说：“鸿禧，你想不想有饭吃？”我听了后，喜出望外，问：“哪里有饭吃？”“钱二姐”说：“那好，我们市里招收饭店学徒工，你想不想去？”我马上说：“只要有饭吃，行。”

两位领导非常关心、爱护我这个穷孩子，说了许多暖心话，还说：“今后要好好学，学会了就有手艺，能养活家人，不会再挨饿啦。”“钱二姐”给了我一张登记表，我按照要求填好表，贴上照片，就算报名了。

我的一生能够转运，完全归功于“钱二姐”，她是我的大恩人，没有她的关心和帮助，就不会有我的今天。

两个师父

一九五七年二月的一天，我被市饮食服务局招收为饭店学徒工，分配到火车站边的车站饭店。

参加工作的场景很热闹，我身披大红绸，胸前戴着一朵大红花，走在新浦的大街上，身后跟上一大列锣鼓队伍，吹着唢呐，路两旁有很多夹道观看的人。我心里非常高兴，想到从今以后有吃的，不用挨饿了，有收入了，能为自己买新衣服了，特别开心。

我是一九四九年后第一批饮食服务行业的学徒工，同期还有其他一些学徒工，有的进了理发店，有的进了照相馆，还有的进了酱园店、食品厂，一共有几十个人。我们的队伍在新浦大街上游走了一天，被挨家挨户送到各自已经安排好的单位。我在车站饭店里当学徒工，每月工资七元钱。饭店主任把我的宿舍安排在存放米面的仓库里，晚上睡觉时，把一袋一袋面粉放平后，放上一张小席子，就当是床了。这样一睡就是好几年，窝窝囊囊，很不舒服，你想想，身下睡着的是一袋袋面粉，五十斤一袋，实沉沉的，非常硬，能舒服吗？第二天起来，腰都疼，还不如我在家里睡地板。不过，当想到这里是我的单位，是我衣食住行的“家”，也就不在乎这点难处了，总比没有床好多了。

车站饭店在新浦火车站台阶下的广场边，客人基本都是来新浦的旅客，还有准备坐火车离开新浦的旅客。那时，新浦火车站没有太多流动的人员，没有太多的火车班次，不过，总是有早班、夜班的火车，上、下车旅客需要吃饭，车站饭店成为他们首选的地方。我没有家，家就是饭店，饭店就是家，所以成天待在饭店里，没有什么上、下班时间。每天晚上，我十点钟开始拌和面、搋油条，拌和油条面和其他拌和面不一样，要反复地搋着，每隔半小时就要搋一次，每次搋的时候，都要用上两个小时。油条面要求很高，面搋好了，要将整个面团翻过来，在表面擦上油，用湿布盖上，以防面团表面干裂，耽误第二天早上油条炸制。第二天早上四点钟，我就起床了，紧张地忙起来，准备炸油条，熬胡椒辣汤，烧豆浆，蒸猪肉包子、韭菜包子、糖糕等。这期间，我学会了不少手艺，学会了炸馓子、麻花，还学会做馒头、花卷、开花馒头、高庄馒头、扛子饼、烤牌饼、大煊饼、锅盔饼等。我还学会制作各种面条、馄饨、粽子、春卷等。

我拜的第一个师父是卞家才，他老人家是原国民党五十七师师长白宝山的厨师。听卞师父讲，白师长非常讲究吃，每天吃的都是山珍海味，天南的、海北的，天上飞的、地上爬的，每天吃得都不重复，不但主料不许重复，就连配料也不能重复，各类汤煲也非常多，要求特高。卞师父说，白师长早上必吃燕窝汤，晚上睡前喝人参汤。卞师父给我讲，他为这位师长做菜，算是费尽心事。有一次，师长提出来要吃“凤舌”，卞师父心想，师长真是想到哪里吃到哪里，世上哪有凤凰，让我从哪里能弄到“凤舌”呢？师傅绞尽脑汁，想了个办法，叫勤务员上街去买当年的小母鸡，还规定要买六十只。勤务员到了街上，四处买小母鸡，还派人到乡下收购，好说歹说，弄来六十只当年仔鸡。卞师父请来十多个当兵的烧水杀鸡，鸡身上别的都不要，单取下每只鸡的舌头留着用。他为了满足白师长的心事，采用了当季的小青椒，配上点白果仁，经过精心烹制，一盘色、香、味俱佳的青椒凤舌端上了白师长的餐桌。白师长看了，眼睛发亮，品尝后连连夸好，说是稀罕品，味美鲜嫩。卞师父因此得到了师长犒赏的两块大洋。还有一次，白师长的老婆突然想吃燕窝，家里没有现存的燕窝，街市上又买不到，卞师父急，帮下手的人比他还要急。卞师父没有被难住，想出了办法，他利用油炸的猪肉皮，也就是皮膘，用水浸泡后，去掉上、下两层皮，取中间层，用清水反复浸泡换煮，最后加入冰糖、桂花煨制，以假乱真，成功地做了一盅冰糖燕窝，师长夫人品尝了，黏糯又浓香。卞师父传授给我的做菜技艺太多了，举不胜举，令我终身受益。

饮食业内，师父不能随便收徒弟，需要单位领导同意，举行一个形式，请同行中有崇高威望的老师傅和同仁来见证。

师父收徒弟的仪式是这样的：由主持人向参会人员介绍老师父收徒的情况，师娘要在场，和师父分别入座在八仙桌的两端，桌中央上放两支银制蜡烛台，点燃蜡烛。边上有四盘点心，如鸡蛋糕、小麻饼、三刀酥、红糖果等，还有四盘新鲜水果，如苹果、橘子、桃子、石榴等。那时候拜师，水果品种不多，不像现在有各式各样的水果、点心，应有尽有。

在拜师仪式上，有参加拜师会的领导、行业的长辈及各位师叔、亲友，还有徒弟的父母亲和重要的亲友。主持人当众宣读，让大家都了解“一日为师，终身为父”“师徒如父子”“尊师尊教、爱师如父、爱徒如子”等一系列经典词句。随后，徒弟向师父、师娘下跪，磕三个响头，然后，徒弟给师父、师娘端上热茶。师父、师娘向徒弟赠送一条厨师的围裙，里面包着一把菜刀，意味着要你努力学好手艺，为师父争光，为师娘争光。最后，大家在一起吃一顿拜师宴。

按道理，这拜师宴的烟酒、饭菜都应该由徒弟掏腰包。当年，我拜卞家才为师时，家境穷困，身无分文，连一桌饭钱都付不起。车站饭店的徐经理热情地说："今天拜师宴的所有费用就不用小周出了，都由我们车站饭店负责啦。"徐经理为人善良，肯帮助人，一副热心肠，平时，对我处处关心、照顾，拿我当自家儿子似的。

卞师父是我的启蒙师父，教我如何杀鸡，怎么整鸡出骨；教我如何宰杀黄鳝，如何生炒蝴蝶片；如何处理大河蟹、出蟹粉，如何烹制蟹粉狮子头；冬天里，教我怎么杀狗、做既好吃又有劲的狗肉冻；他还教我如何把肴肉做好，捆肘如何才能肉红润、味鲜香；教我怎么红烧大黄鱼才能入味；在蒸加吉鱼的时候，教我用什么样的火候，蒸到几分钟才能恰到好处；教我怎么炒大对虾和大河蟹，配什么时令配料更佳；教我怎么烧八带鱼；大乌烧肉怎样做才算烧得符合标准；教我爆乌花，选用什么样的大乌子，在哪一面切片，切什么样的花刀，在多少成热的油温中才能达到最佳效果，随后加入什么调料，什么时候放胡椒粉，放多少等。师父教的一点一滴技艺，我都精心记下，并用在工作中。我本身好学，肯吃苦，不怕累，手脚勤快，学习中能取别人长处，补自己的短处。每天，我仅是切猪腰，剞各种花刀，都在二十斤左右，炒黄鳝丝、做软兜长鱼也有二十斤上下，还要切肉丝、挤虾仁、剔蟹黄、斩鱼丸、发海参、炸皮肚、泡鱼翅、做糖醋排骨、做五香烧鸡等，工作量很大，手不停，脚不住。我们饭店靠着车站，那里旅客多，每天饭店都会派专人到车站站台上去供应五香烧鸡，供乘客路上食用。

我拜的第二位师父，就是我的岳父大人孙松林。

岳父是山东烟台牟平养马岛人，出生于渔民家庭，私塾毕业，身高一米八五，是个大个子，体重在一百公斤上下，外号叫"俄罗斯"。他年幼失去双亲，家境十分困难，为了生活糊口，小小年纪就随亲友去韩国银川市，到一家中国饭店当学徒工，学习中韩料理。他为人随和，忠厚好学，热爱书法和绘画。

岳父钻研烹饪技术，勤奋刻苦，起早贪黑，能吃苦中苦，从不计时间报酬。在韩国几年间，他练得一身过硬的烹调本领，刀功娴熟，投料精准。回国后，他来到连云港，为了生计，自己经营了一家叫“第一饭庄”的餐馆。在自己的饭店里干活，加上一手精湛的烹饪技术，岳父真是如鱼得水，大展身手，使所学的技艺得到了充分的展示，烹制的菜肴带着异国风味，前来光顾的客人车水马龙，门庭若市，生意红火，深受当地食客的好评。

一九四九年后，岳父被分配在连云港市黄海宾馆（后来的市委第二招待所）当一名大主厨，每天忙于餐饮供应工作，制订菜谱，计算用料，按时供应，保证黄海宾馆举行会议的与会人员就餐，做好政府各级领导和一些外宾的用餐服务，饭菜质量十分讲究，清洁卫生格外重视，花色品种多样，早、中、晚三餐不重复，还要做好食品留样，以防出现意外事故。

二十世纪六十年代初期，岳父又被调回到连云港市黄海饭店工作。我从苏州市烹饪学校毕业后，也被分配到黄海饭店当厨师。当时的黄海饭店是政府专设的一家高级饭店，所谓“高级”就是食材好、菜肴好、味道好，大米选用上等精米，面粉选用特等面粉。因此，黄海饭店供应的饭菜价格很贵，当时我们主要任务是为国家货币回笼服务的。

黄海饭店的生意非常兴隆，常常座无虚席，到了里面，只要你肯花钱，就能吃到想吃的东西，如鱼翅、鲍鱼、干贝、鱼肚、海参、银耳、驼蹄、驼峰、玉兰片、火腿、京冬菜等，当然少不了连云港的鲜活海鲜，如大对虾、梭子蟹、比目鱼、乌贼鱼、大黄鱼、马鲛鱼、鲜带鱼、籽乌等。

岳父高超的烹调技术在黄海饭店得到了展现和发挥，他擅长高级鸡清汤的吊制和花色菜肴的研发及海鲜菜品的创作，还擅长海干货发制后烹制的高档菜品，如红扒大黄鱼、油爆乌花、荷花铁雀、蟹黄扒鱼翅、虾籽烧海参、奶汤鲨鱼皮、贵妃鸭、菊花火锅、葱扒野鸭等。他注重盛器，讲究色、香、味、形，体现出较浓厚的文化内涵。

他好动脑筋，常根据小说里的历史典故编制菜肴，巧妙地配制出一道色香形俱佳、味美可口、栩栩如生的菜肴。“秦香莲状告陈世美”中描述的薄情郎陈世美，贪求荣华富贵，耍尽手段，不认妻儿，还要杀害亲人，最终被包拯送到了狗头铡下。岳父根据这个情节，利用烹调手段，将鸡蛋在平底锅里摊成皮后，包裹各种海鲜料，再滚上干生粉，入油锅炸成金黄色，放在砧板上，用刀斩成段块，装盘后，撒上花椒盐粉，名为“怒斩陈世美”。上菜时，服务员简单向食客介绍此菜的历史典故，大家拍手称快，好！就餐气氛再起高潮。

还有一道“张飞过瓜州”，相传刘备遭孙权围困，张飞到达瓜州后，长江堵路，又没船只，进退两难。张飞心急，一时又想不出好办法，不禁怒火冲大，面对浩渺的滔滔长江，他在战马上仰望苍天，怒吼三声：“孙权，还我兄长！”话音刚落，顿时，长江水流……

根据这个典故，岳父动了一下脑筋，做了“张飞过瓜州”这道菜肴，他巧妙地采用黑色的水发香菇和海参代表张飞，用锅巴代表瓜州，锅巴经过油炸后，再浇上海参、香菇及菠萝、荔枝等水果配料烧好的卤汁，产生一种特殊的声音，顿时，菜的热气直往上飞扬。这道菜的特点是海参黏糯，香菇软滑，锅巴酥脆，味道酸甜。食用时能使就餐者触景生情，增加情趣的同时又掀起氛围，增加食欲。

岳父擅长高级鸡清汤的制作和花色菜肴的研发，特别对海鲜菜品的创作有独到之处，拿手好菜有红烧海参、油爆乌花、红烧大黄鱼、奶汤沙光鱼、虾籽扒海参、荷花铁雀、蟹黄鱼肚、菊花火锅、砂锅炖驴肉、贵妃鸭等。

岳父为人正直，工作一丝不苟，任劳任怨，不怕苦累，不计报酬，废寝忘食。他老人家经常忙里偷闲利用晚间创作书画，他的《百蝶图》千姿百态，造型万千，有云南的大彩蝶、台湾阿里山的长尾白点蝶、日月潭的彩蝶，还有苏杭的金钱蝶、广西桂林的白玉彩蝶等一百多种，非常漂亮，在全国水彩画展上得过展览奖。他给家中子女绘了四幅不同色样的条幅彩蝶，我至今保存完好，挂在家中的主墙上。

他不光蝴蝶画得好，他画的连云港花果山上的“美人松”“小蟠龙松”也特别精美、传神。

岳父画的桂林“象鼻山”倒影画特别到位，美妙极了，水中小舟上坐着两个人物，其中一人划着桨，姿态优美。这幅画的景色配以蓝天白云及大山和水影，让人心旷神怡。他写的毛笔字刚劲有力，笔锋流畅，老人家的书画一直画到九十多岁。

岳父有个饮食习惯，只吃鱼、虾、蟹，其他如猪、牛、羊、驴这些东西，只会烹饪，从不进口。我时常为他老人家采购一些品质优的大海鱼之类的海鲜，为他包些水饺或包子吃。大乌子（乌贼）的墨斗是黑色的，用它加点葱、姜、料酒，再加点油和盐，上笼蒸上二十分钟，那是岳父的美味大餐。

二十世纪七十年代初期，市饮食服务公司组建首家烹饪技术培训班，上级领导派岳父当牵头人，和淮扬菜大师金少卿抓教学工作，培训班设在民主路的明胜斋菜馆的楼上。来自全市各区的餐饮行业、宾馆、招待所、解放军驻连部队的炊事班，约有四十名厨艺人员在这里接受了三个月的培养和教育，提高了烹调技术，懂得了许多烹饪技术的理论知识。培训考核后，他们拿到了厨师等级证书，回到原单位，在各自的岗位上充分发挥所学的知识和技术。

岳父尽心尽职培养的弟子遍及我市各大宾馆、酒店、市区招待所，他们中有人参加全国各大烹饪大奖赛中，取得了金银奖牌；有人获得了国家颁发的各种等级的技术证书和称号，享有较高的声誉；有的获得了中国烹饪大师、高级烹调师和中国烹调工匠等称号。

改革开设初期，我市餐饮行业的菜肴和花色品种存在局限性，在岳父的传帮带下，进步飞快，应时菜点、花色品种不断涌现，深受广大食客的青睐。

我的师娘，也是我的老岳母，叫范秀珍，老家在淮安，淮安的饮食文化历史悠久，没有淮安这个“淮”字，哪有淮扬菜？淮安人在研究吃这方面是非常讲究的。我的岳母喜欢吃淮安的长鱼菜，经常跟我讲淮安的地方烹饪特色，如淮安油鸡、大烧马鞍桥、捆蹄、肴肉，还有淮安的清蒸狮子头、淮安蟹黄灌汤包子、淮安蒸饺、馄饨和淮安豆腐干丝，等等。岳母还教我许多做菜的技术。淮扬菜刀工精细、配料讲究、口味鲜纯，注重火功，色、香、味俱佳正是江苏菜系淮扬风味的代表。

我的岳母也是老厨师，原先在味芳楼菜馆做厨案工作，为人忠厚、工作认真肯干，不叫苦不叫累，处处助人为乐，事事先人后己。我跟孙师父学徒，孙师父待我如子，她看在眼里，喜在心里，我没有父母，没有家，需要一个像他们这样的亲人来疼爱。最后，师父、师娘把我纳为大女婿。岳父母家七个子女，四个弟弟、二个妹妹，他们从来不喊我“姐夫”，全部喊“大哥”，在外人眼里亲热得就是一家人，我就是他们的亲大哥，一点没有两样。

不说一点客套话，我就是孙家的大儿子，我结婚在爱人家，生儿育女在爱人家，一直到儿女近十岁，我还在岳父母家，直到单位分配公房给我时，才搬出来单独过。我把岳父母大人当成自己的亲生父母，没有一点假意，二老去世时，我和亲儿子一样披麻戴孝。

我跟卞师父和岳父学到很多东西，都是一般人学不到的烹饪技术。我肯在心里琢磨，在头脑里消化、吸收，在菜肴制作前，善于开动脑筋，预先设计筵席的规格，根据就餐对象的习俗、饮食习惯、口味要求，按照餐标要求，计算成本，制订菜单，合理采购原料，正确配制主、副调料，做到充分利用各种食材，决不浪费原料。在菜肴制作时，严格掌握调料的投入标准，严格掌握火候，否则欠火或过火，都会造成浪费和损失。有些食材成本很高，如海参、澳洲龙虾、象拔蚌、石斑鱼、梭子蟹、三文鱼、日本七星鲍鱼、新加坡干贝、法国鹅肝、俄罗斯鱼子酱，还有泰国的燕窝、我国甘肃的冬虫夏草等，如果在发制的过程中不注意或在烹调过程中出了岔子，过火或夹生就会造成损失。成功就是利润，损失就是失败，造成浪费，损失就是惨重的赔本。

我平时只要有一点时间就去研发菜肴，以及一些不被厨师关心注意的事情，如猪肉、猪肝、肚、心，它的成熟率是多少？一斤生的牛肉、羊肉，煮熟了还有多少？一斤海参发出来，能用率有多少？一斤黄鱼的肚油能发多少？经过水泡的黄鱼的肚油又能出来多少？猪蹄筋、牛蹄筋，它们的涨发率又是多少？还有干的猴头蘑菇、干耳、银耳、粉丝、黄花菜……我的心中有一本账，涨率多少都做到心中有数，了如指掌，如猪肠子经过初步处理加工成熟后，它的出率只有百分之二十五；黄鳝每斤只能出六两半鳝片，软兜每斤黄鳝只能出百分之五十五；大闸蟹煮熟后，出蟹粉只有百分之二十八……

这些都是每位厨师必须掌握的基本技术，厨师在配菜时，必须了解这桌用餐人数、喜好、分量及成本核算，防止浪费和不必要的损失。

作为一个厨师还要做好基本功，不光会做上手活，还要会做下手活，所谓上手活就是一切指望初加工人员把食材准备好、打扫得干干净净交给你，否则你就不会做。一只鸡拿来后，作为一名厨艺人员，不会杀鸡，不会脱毛、去内脏，怎么能干厨师？拿来的黄鳝你不会烫制，不会划丝，怎么烹制成软兜长鱼？不要觉得这些活很简单，烫制黄鳝需要很高的技术，烫过头，划丝的时候就烂的烂、断的断，炒不成软兜了。现在，很多厨师不会发制海干货和野山珍，喜欢用供应商直接供应的成品和半成品，但很多成品和半成品里面含有防腐剂和添加剂，这两种东西虽然可以延长食材的保存时限，但对身体健康不一定有好处，可能还会带来不良后果，除了改变食材本来的味道，严重的还会造成食物中毒。

山东风味“第一饭庄”

我岳父大人在新浦民主路的东端（现在的民主路钟楼身下）开设经营了一家山东风味的酒店“第一饭庄”，有三间门面，一间是通往里院的通道，里院有东屋二间，西屋二间，南屋是厨房操作间。

饭庄可以一次性接待六十人用餐，能摆设八张方桌（八仙桌），有大、有小，还有两个圆桌面，根据需要，可分可合。当初只有长板凳，可坐二人，没有木椅，还有几个小方凳。第一饭庄一共有三个接待人员，二个老头、一个中年妇女，忙时端茶送菜，平时打扫卫生、招呼客人，还要到厨房做初加工，如杀鱼、挤虾仁、剔蟹黄、划长鱼、清理猪下水、扒葱摘菜、做饭、蒸馒头等。

厨房设一个炒菜灶，灶上有三个火眼。一个铁牛汤锅，平时煮的是猪腿骨、老母鸡等，有时是一锅奶汤，可供烹调备用。炒菜炉用的是烟煤，旁边还有一个风箱，平时有一个学厨小孩负责拉风箱。厨房还有一个水案，上面放着十几个水盆，里面有平常用的鱼丸子、水泡木耳、黄花菜、笋片、皮膘、红烧好的狮子头、整碗的虎皮肉、泡在水盆里的海参、鱿鱼、猪蹄筋，还有各种海鲜品如黄花鱼、马鲛鱼等，以上这些，都是山东客人喜欢吃的菜点。

山东菜点的特点是“三个乎乎”：一是黑乎乎，二是咸乎乎，三是油乎乎。所谓黑乎乎，主要是山东菜不像江苏菜注重色、香、味、形，它的菜多数是红烧的，或是炒的，呈酱黑色，所以是黑乎乎的。二是咸乎乎，山东人口味重，喜咸不喜甜。油乎乎是指山东菜重油，一直到现在，山东菜系的特点是重油、重色、重味，这不正是三个乎乎吗？山东菜也不都是这样，有的山东菜品非常漂亮、细腻，如奶汤蒲菜，是山东名菜，选用的主料就是山东济南市大明湖里的蒲菜，又是奶汤。奶汤是山东菜系擅长的，制汤是山东菜系的拿手品牌，在全国都是闻名的。

葱烧海参、九转大肠、糖醋黄河鲤鱼、爆炒腰花，丁香牛肉、酱爆鸡块、清蒸鲥鱼、蟹黄鱼肚、锅塌鲈鱼、炸八块等都是第一饭庄的拿手菜，深受食客的好评。供应的各种面条也很有特色，特别是大碗的杂烩面、三鲜面、大卤面、猪肝面和腰花面，都很受食客的青睐。

第一饭庄用人不多，只有七八个人，厨房里有两个主厨、一个学徒工，三个前厅的接待人员，还有一个掌柜的（收银员），当时的生意很好，从早忙到晚，累不着，也不闲着。

第一饭庄一直经营到一九四四年，正值战乱年代，没法经营，被迫停业。

岳父的拿手菜

岳父孙松林大师是山东大厨，去过韩国，到过日本，从事中国料理。回国后来到连云港，在新浦的聚英楼菜馆、味芳楼菜馆当过大厨、客师。后来开办了第一饭庄菜馆，他的拿手菜不断推陈出新，很受食客青睐，如“怒斩陈世美”。

重情义的秦香莲拖儿带女，节衣缩食供陈世美赴京赶考，哪知陈世美一去不返。秦香莲望眼欲穿，携儿带女一路乞讨进京寻找丈夫，谁知，陈世美已金榜题名，与公主结下百年之好，抛弃了结发妻子香莲，香莲寻到丈夫，陈世美拒不相认，也不认一双儿女。盛怒之下的香莲状告陈世美不认前妻。官官相护，香莲状告无门，走投无路。秉公执法、大义灭亲的包公为香莲做主打官司，置乌纱帽于不顾，怒斩陈世美……

根据这一故事，我的师傅孙松林制作出一道生动、形象、有情趣的菜肴。香菇因其色乌象征包公，鸡茸蒂色白细嫩以示香莲，鹌鹑蛋一剖为二表示一双弱小的子女，豆腐衣卷代表薄情郎陈世美已在法网之中，通过油炸“陈世美”，食用者刀斩，以示对薄情郎的惩罚，大快人心。

原料：

主料：鲜虾仁三百克、鸡脯肉一百五十克、猪肥膘五十克、鸡蛋清四只、熟火腿五十克、熟冬笋五十克、蚝油卤香菇二十只（一百五十克）、十五厘米见方豆腐衣（腐竹）十二张、熟鹌鹑蛋十二枚、香菜叶二十四片、红樱桃十二粒

调料：葱姜汁五十克、花椒盐五克、精盐三克、绍酒十五克、味精三克、绵白糖三克、汪恕有滴醋五十克、鸡清汤五百克、湿淀粉十五克、干淀粉五十克、芝麻油五克、花生油一千克（约耗一百克）

制法：

一、虾仁用清水洗净；鸡脯肉、猪肥膘分别剁成泥，火腿、冬笋、香菇八只均切成细丝，豆腐衣用冷水泡软后，沥水待用，鹌鹑蛋去壳，用刀一剖两半，香菜叶用清水洗净，待用。

二、取盛器一个，放入虾仁、火腿、冬笋、香菇丝、加入适量葱姜汁、鸡清汤、精盐、绍酒、味精、绵白糖拌成馅料。另取一个盛器，将鸡脯肉泥、猪肥膘泥、鸡蛋清搅匀后，加入适量葱姜汁、鸡清汤、精盐、绍酒、味精、搅拌均匀，制成鸡蒂待用。花椒盐、滴醋分别盛在两个小碟里。

三、豆腐衣逐张平放在砧板上，将虾仁、火腿、冬笋、香菇丝拌成的馅料分别均匀地用十二张豆腐衣包成卷子（长十厘米，直径三厘米）；将剩余的十二只卤香菇，用洁布吸干水分后，在香菇的内侧，撒上少许的干生粉，均匀地将鸡茸蒂子镶在香菇上，再在鸡茸蒂上镶上二个半瓣的鹌鹑蛋，并在两侧点缀上香菜叶，另在两瓣鹌鹑蛋的顶端交汇处立入一粒红樱桃，即成“菇托”，放入圆盘里，入笼用中火蒸五分钟。鸡清汤加入适量的精盐绍酒、味精，上火烧开后，用湿淀粉勾琉璃芡汁待用。

四、炒锅上火倒入花生油，待六成热时，放入豆腐衣卷子，炸至成金

黄色，香酥时即可出锅沥油，整齐地摆放在大盘中，四周围放“菇托”。上菜时在“菇托”上浇上芡汁，淋上芝麻油，跟上花椒盐、滴醋，以供蘸食；并跟带餐刀，以供食者“怒斩”“陈世美”。

这道菜肴的特点：“陈世美”外香酥，里鲜嫩；“包公”软糯味美；“香莲”滑嫩鲜醇，整体造型生动，情趣盎然。

大师哥高振江

高振江和我是第一批被招收到饮食服务业学徒工的，当时一共有九人：于洪亮、王金玉、柳广业、郭运林、乔家宝、高振江、周承祖、刘永畅、苏宜华。

高振江是连云港市人，老家住在新浦后河街，一九四一年出生。

想起来很有意思，我们这些到饮食服务业学徒的被召集起来，在市饮食服务局会议室开会。我是第一次参加这样的会议，觉得很新奇。会议室的桌子上放着许多茶杯，还有两个热水瓶和几盘水果糖。大家忙着朝水杯里倒开水，我跟着倒上一杯开水。高振江和我坐在一起，他也往杯子里倒满了开水。看到台面上有许多水果糖，大家都撕开糖纸吃着糖。我几乎没吃过糖，和高振江一同抓过来一大把水果糖，扒开，往热水杯里放，水喝起来很甜，很好喝。领导在主席台上讲话，我们俩在下边喝着糖水，听着领导指示，心里感觉很美。

开完会，全体学徒工到饮食服务局门口排起长队，每人身披大红绸，胸戴大红花，准备游行。队伍前面有锣鼓开道，几个吹唢呐的老师，把唢呐吹得非常好听，招引来不少围观的群众。

游行队伍从民主路的东头一直往西走到西边的解放桥，一边走，一边吹唢呐，锣鼓喧天，非常热闹。我们这些孩子们特别开心，非常自豪，有生以来，第一次享受到这样的待遇。每当队伍走到有关招收单位时就停下来，一边敲锣鼓，一边吹唢呐，不停地吹打，招收单位的领导早就等候在大门口，准备接收。

高振兴被送到民主路上的职工饭店。

我和于洪亮、郭运林被送到火车站处的车站饭店。车站饭店的徐经理早就在饭店门前，带领部分职工等候游行队伍的到来。我们被徐经理接到店内，他带着我们参观店里上下，当天我们就正式上班了。徐经理早就为我们准备了厨师的围裙、帽子和套袖，第一次穿戴上这些，还真是有点不太习惯，第二天就慢慢地适应了。

我被安排在厨房，徐经理把我交给了大厨师卞家才，就是我的师傅。

我经常到职工饭店里找高振江玩，他比我大一岁，个子比我高。在职工饭店里，他被分配在炉子边学炒菜。他非常勤劳，成天在炒菜炉边上拉风箱，边拉风箱，边抬高头看师傅炒菜——怎样翻锅，怎样颠勺，怎样掌握火候，怎样下调料。

高振江拜跪我市名厨朱色余为师。

朱师傅是灌云板浦人，做中板菜，烹调技术非常好、非常考究，讲究菜肴的色香味形，注重火候，讲究口味。他在我市举行的烹饪技术大赛中，多次名列前茅，受到同行的赞扬。

高振江出生在一个渔民家庭，弟兄三人，他排老二，父亲是弄船的，一辈子吃苦耐劳，吃尽了苦头。父亲去世后，母亲含辛茹苦，把三个儿子培养成人。高振江带着我一起去他家，看望他母亲，老人家非常喜欢我，经常留我吃饭。她知道我的家境后，时常教育我要好好工作，和振江一起学好手艺，相互关心，相互帮助，长大后成家立业。老人家的话，点滴在心，至今不忘。

高振江曾是市饮食服务公司的团支部书记，多次和饮食部领导一起参与新浦园艺厂的建设工程，参加灭狼活动。在当时的新浦园艺厂（现在新浦的车辆管理所一带）这块七八十亩土地上，市饮服公司安排了一些历史上有点问题的人在这里劳动改造，接受教育，有种蔬菜的，有养殖鸡鸭的，有喂养猪的。猪圈很多，喂养着很多肥猪，每天都有专人把各大小饭店的泔水拉到这里来喂猪。这里还养了很多的山羊，土地上还挖了条沟渠，专门养鱼，结果也吸引了狼，经常来吃鸡鸭，还咬死了一些小猪。园艺厂夜间开始派专人值班，防止狼来糟蹋鸡鸭，但狼还是来，越来越猖獗，有时候，大白天也往园艺厂跑，人都被吓跑了。领导向饮食支部反映此事，领导重视了，成立一支灭狼队，由各单位选派和抽调的精兵强将人员组建，配备一些专用的工具和火药枪支，那时，枪支控制不是很严格，私人都是可以配备猎枪和小口径步枪的。高振江被选派到这支灭狼队来了，他身强力壮，又是共青团的团支部书记，配上一支猎枪，专门用于灭狼。经过一番灭狼行动，野狼少了，很少出现在园艺厂。

在职工饭店时，高振江在炉子、水案两个方面干得特别出彩、老练，得到单位领导和老师傅的赞扬和肯定。

高振江有着不错的文艺天赋，经常参加公司组织的文艺宣传队，到市、区重要地段宣传演出，他和别人一起演双簧，一个人说快板，两个人说相声。

一九五八年的大炼钢运动时，我和高振江分配在一起，掌管一台炼钢炉。炼钢铁需要鼓风机鼓风，不然火力不足，就炼不出铁来，当时没有鼓风机，只好弄来好多台大转轮，两个人组成一组来摇大轮，二十分钟换次人，就这样干。

我和高振江专门负责炉前工，把炉里的杂质掏出来，还有负责往炉里加料。一天晚上，下着小雨，我和高振江披着蓑衣，戴着斗笠，在炉前干活。我们太困了，在炉边打起盹，炼钢炉里的炉火直往上蹿，炉口的炭火掉到外面，有一火块掉在高振江的蓑衣上，点着了，烧起来。高振江一点没有感觉到蓑衣被烧了，他太困了，睡着了。我看见了，大声地把他叫醒。他一看，不得了，火都在蓑衣上烧起来了，我们一起扑打灭火。他在地上打起滚来，地上被雨淋湿了，一滚，火很快就灭了。他烧了一件蓑衣，人没受到一点伤害。

一九六二年，高振江受组织安排，去苏州市烹饪学校学习，在实习单位尊敬老师傅，平时苦练刀功和翻勺技术，对一些花色菜点认真做好记录，以优异的成绩完成学业。

回到连云港职工饭店，高振江发挥自己的才华，在企业的经营中，开动脑筋，想方设法，增加花色品种，提高菜品质量，抓好成本核算，为企业获得较好的经济效益。

在主抓"七二一"工人大学烹饪技术培训和实习菜馆的培训工作时，高振江培养了大批人才，他们都取得了中级、高级技术职称，有的已成为中国烹饪大师，在全市各大酒店、宾馆餐饮行业，执掌炉头，担任厨师长和餐饮部的领军人物；有的走出国门，赴德国、日本、新加坡、韩国、俄罗斯，为国家创收外汇，他们都是棒棒的。

高振江的拿手名菜有蟹黄扒鱼翅、琵琶大虾、红烧马鞍桥、东坡肉、砂锅蟹黄狮子头、红烧杂鱼、椒盐凤尾大虾、滑炒腰花、奶汤蹄筋、鸡油菜心等。他制作的冷菜十分考究，刀功精细，色彩鲜艳，造型逼真。有一次，他参加江苏省特级烹调师考核晋升时，制作了一道花色冷盘熊猫酡竹，这道花色冷盘刀功非常精细，颜色搭配得很合理，造型栩栩如生，两只大熊猫被塑造得活灵活现，旁边配上用西芹和黄瓜拼制而成的嫩竹子。当整个冷盘被端上评委台，大家一致称好，给予高度的评价。我还立马用相机把它拍下来，留作以后教学使用。

二〇一五年，高振江被中国烹饪协会授予“元老级注册中国烹饪大师”称号。高振江是我的兄长，是我的大师兄，在连云港，只有他和我获得了元老级注册中国烹饪大师殊荣。

一分四十六秒活炒仔鸡

一九五七年，是我参加工作的第一年。在师傅们的精心指导下，我起早贪黑，不怕苦，不怕累，一门心思地干活。干活就是学习技术，学到技术就是有前途，有了技术就会有收入，生活就会好，就会出人头地。

我虚心向一切内行的人学习，那些我不会的，在我眼中就是知识，我好好地学习，认真地借鉴。

为了学杀鸡，我经常到菜市场、卤货店、饭店去向老师傅讨教杀鸡的技巧，掌握烫鸡的水温。烫鸡的水温技术要求很高，水温一定要把握好，太高，褪毛时鸡皮会跟着撕掉；太低，鸡毛就拔不下来，用力拽的话会连鸡皮一起拽下来，成了没有皮的鸡，很难看。那时，没有现在的脱毛机器，全是人工脱毛，开膛取出内脏。车站饭店每天所用的鸡，全包在我身上，每天都要杀几只鸡，久练久熟，我杀鸡的质量高、速度快。

一九六〇年春，连云港市商业局在市体育馆举办全市商业系统职工技术比赛，内容有：一把抓，顾客要买二两茶叶，售货员用手在茶叶桶里能一把抓出来，一称就是二两，分毫不差，水平就是这样高、这样准；还有一刀准，顾客要一斤半五花肉或三斤二两的腿肉，参赛的选手根据顾客的要求，一刀就把肉割下来，上秤一称，不多不少正好；还有在百货店里销售糖果、饼干、三刀酥的，在粮油供应站销售大米、面粉、杂粮的，均要一秤准；蔬菜公司销售各种蔬菜，像茄子、冬瓜、土豆、西红柿等，只要上秤一称，多少钱一斤，一下子就算出精确的钱数，非常准。

我参加了全市的烹调比赛，比赛的项目是活炒仔鸡，还有一个是生炒蝴蝶片。活炒仔鸡就是取一只活公鸡，两斤多重，现宰现炒。各种用于活炒仔鸡的调配料、切配案子、炒菜炉灶，大会都为选手准备好，并准备好了一桶开水、一桶冷水。比赛现场有记分员、监考员，还为每位选手配备一位秒表记分员。大家各就各位，主考员一吹号声，比赛开始。我由于平时基本功比较扎实，速度飞快，一只活生生的大公鸡，从宰杀、脱毛、取出内脏、切配、烹调，直到一盘色、香、味俱佳的活炒仔鸡成功完成，整个过程只用了一分四十六秒的时间，获得全市第一名，赢得了赞誉和全场的掌声。

我的生炒蝴蝶片以三分零二秒的时间获得这个项目全市第一名。这道菜有一定难度，每人发给两条大黄鳝，约一斤重，现场宰杀后去骨，用刀片成蝴蝶片，就是在不带骨头的鳝鱼肉上片，做到一刀不断、一刀断。每块蝴蝶片通过上浆后，通过油温受热时蜷缩成“蝴蝶”状，然后配以各种配料，烹上适时需要的调味料，即成一盘栩栩如生、滑嫩爽口、美味可口的生炒蝴蝶片。食用时，在“蝴蝶片”上撒上白胡椒粉，即成。

一九六〇年春，我被组织上选派去苏州市烹饪学校学习烹饪专业。苏州市烹饪学校先设在苏州市金门外，后迁校于桃花坞大街，我在校学文化、学烹饪理论，每周还被安排到苏州市各家大酒楼和宾馆下厨学习，接受全国各高校及烹饪专业学校的专家教授讲授烹饪专业知识和技术。两年时间里，我的专业技术得到很大提高，对江苏菜系的研究和发展有了很大提升，特别接受了中国烹饪大师、中国菜的烹饪泰斗胡长龄大师的教诲，接受了苏菜的烹饪泰斗张祖根的言传身教，我从他们身上吸取了很多宝贵的经验，烹饪技术得到大幅度提高，为我后来烹饪技艺走上一个新高度奠定了坚实的基础。

在苏州市烹饪学校，我学习非常认真，老师授课时认真听讲，记下笔记，有时还把老师画在黑板上的图案画在笔记本上，这些特殊的菜肴设计图案，在我后来的工作中起到了非常有益的作用。

星期天，同学们都去上海、杭州、无锡游玩，苏州本市的同学们也都回家去了，我呢，想出去玩，可身上没有多少钱，索性哪里也不去，连公园也不去玩，在寝室里学习，多学一点东西，把老师讲课的内容重复地整理一下，写成一个完整的材料，到教室下面的酒楼去实际操作，练刀功，练杀鸡杀鸭，就连杀羊、杀猪我都会做。所以，我的基本功比较扎实，理论知识、实践经验也非常丰富，只要是有关江苏菜系中的菜点、人物、原料、特色口味，包括制作，我基本都很精通，如南京的盐水鸭，胡老泰斗的清炖鸡孚、雨花虾仁，南京的炖生敲，苏州的松鼠鳜鱼、蜜汁火方、清炒河虾、东坡肉、雪花蟹斗，木渎的鲃肺汤，无锡的酱排骨、油面筋炖菜核、滑溜鸡茸蛋、梁溪脆鳝、太湖三鲜、清蒸鲥鱼，常州的天目湖砂锅鱼头、金蒜烤鳝、水晶虾仁、黄花菜鲫鱼，溧阳清炒白芹、明月高盖骨，镇江白肴肉、蟹黄汤包、拆烩鲢鱼头、蟹黄狮子头、红扒鮰鱼、荷香白汁鮰鱼，扬州的大煮干丝、金鱼鸽蛋、三锅醋熘鳜鱼、砂锅炖全鸭、红烧家乡老鹅、三丁大包、翡翠烧卖、千层油糕、三套鸭、油爆河虾、桂花醉蟹、红烧河鳝等。具体到城市，有南通市的蝴蝶黄鱼、天下第一菜、砂锅蟹粉狮子头、红烧南通狼山鸡、蟹黄鱼翅、白汁鱼肚等；徐州市的羊方藏鱼、糖醋黄河鲤鱼、东坡肉、拔丝山药、白汁裙边狗肉、霸王别姬、蜜汁贡薯等；淮安市的软兜长鱼、大烧马鞍桥、平桥豆腐、淮扬楼灌汤包、香油茶馓、甲鱼羹、桂花油鸡、清蒸鳜鱼等；盐城市的椒盐凤尾大虾、藕粉丸子、东台鱼汤面、葱扒野鸭、荷叶咸猪头、红烧推浪鱼等；泰州的蟹八吃，如溱湖簖蟹、红羔大闸蟹（兴化）、蟹黄炮、蟹黄汤包（靖江名点）等，另外还有泰州的六大特色菜点，如八宝刀鱼、清蒸鲥鱼、蟹黄粉皮、泰州干丝、黄桥烧饼、龙眼明珠；宿迁市的霸王别姬、花椒肉、黄狗猪头肉、姜米大闸蟹及宿迁四大调味料如辣萝卜干、臭豆子、糖藕、辣疙瘩等；连云港的名菜有蟹黄扒鱼翅、莲花海参、油爆乌花、奶汤鱼皮、椒盐美人蛏、清蒸加吉鱼、连云雪丽蟹、黄芽菜塔、如意蛋卷、过寒菜西施舌，名小吃有韭菜黄春卷、奶油大煊饼、姚士康的葱油小酥饼等。

中华饮食丰富多彩，京菜、粤菜、川菜、苏菜、鲁菜、闽菜、徽菜、湘菜被称为八大菜系，还有上海菜、香港菜、澳门菜、台湾菜、清真菜、官府菜、寺院菜、少数民族菜等。另外，还有别具特色的民国大菜、红楼大菜、谭家大菜及西游大菜。总之一句话，食在中国，味在中华。中国的饮食文化历史悠久，源远流长。我们的祖先从猿进化成为原始人以前，只是以采集野生植物和捕捉野兽为食，过着“活剥生吞、茹毛饮血”的生活，自从发现了火，才逐渐地由生食变为熟食，“烹”起源于火的利用，又过了若干年，人类发现食用有盐的熟食时，滋味特别鲜美，进而发明了提取食盐的方法，从此调味也就开始了，所以“调”起源于盐的作用。烹、调二字的有机结合，给中国烹饪的发展打下了坚实的基础，通过火完成由生到熟的一个加热过程，再和各种调味之料结合一体，即成为一道美味佳肴，确实比原始的生食和无味之物增加了美味，同时也增进了人体营养的供给，提供了健康保障。

我国地大物博，人口众多。食材选料广泛，来自空中、地上、山里、海里、湖里、江里、河里、野生、人工养殖，还有国外进口；各大菜系及五十六个民族不同的饮食习惯，衍生出上百种的烹调方法、上千种的调味之料，除了酸、甜、苦、辣、咸、鲜，还有香、松、臭、肥、浓等五滋六味。

以法国为代表的西餐，烹调方法多以煎、炸、煮、烤、蒸为主，食材加热成熟后，切块或手撕，蘸以调味料进食，不用筷子，只用刀叉，自我分割，各取所需，调味比较单一。西餐注重营养，讲究色美、生鲜搭配，多以甜味占先，如奶油、奶酪、蜂蜜酱、果酱果汁。它特别讲究食材的清洁卫生和新鲜，食品安全摆第一，这些都值得我们中国厨师借鉴。

中国的大厨只要能在色、香、味、形、器、声、养七个方面下功夫，通过自己的努力，中国的菜肴一定会在世界上越走越远。

不管做什么菜，“色”是相当重要的，赏心悦目、秀色可餐的菜肴能给就餐的客人留下美好的第一印象，食欲大增。“香”是来自食材本身的味道，或是烹调过程中产生的香味，或是油脂、调味料的香味。“味”则是菜肴的灵魂。一碗红烧肉，红亮亮的颜色令食客食欲大增，入口之后，感受到肉香，肥而不腻，有冰糖的粘糯、女儿红的清香，这就是味，也是这道红烧肉的灵魂。再举一例，鲁菜中有一道名菜叫九转肥肠，采用的食材是猪的大肠，精心烹制后，菜肴色泽红亮，大肠软嫩，甜、酸、香、辣、咸，五味俱有，入口即化，肥而不腻，大肠味特别香。如果这道九转肥肠吃起来是红烧肉的味道，而不是大肠的味，那就失败了，所以说，味是菜肴的灵魂。

“形”指的是菜肴的形状、造型，菜肴由主要食材与一些辅料搭配而成，或是加以围边和点缀而成，或经过刀功处理，或烹制，或拼盘，总之，这个造型一定要美观大方，看上去让人舒心。如，苏菜中有一道名菜，叫松鼠鳜鱼，采用苏州河里的鲜活鳜鱼为主料，经过大厨们精湛的刀功，将鳜鱼清理后，取下头部，切下脊骨两扇鳜鱼肉与鱼尾相连，取出胸刺后，在鱼肉面切成菊花状花刀，加少许葱、姜、料酒入味后，滚满干生粉，下入七成热油锅炸成松鼠状，这时，鱼头也下锅中炸成金黄色，装入盘中，浇上糖醋番茄汁，撒上少许清炒虾仁，围点上少许葡萄即成。此菜造型美观，形如松鼠，色泽红亮、味道酸甜。松鼠鳜鱼上桌时，掌握好火候，和油锅有机配合，当糖醋汁浇在鱼身上时，发出吱吱的“松鼠”叫声，客人会兴致盎然。

再举一例，扬州有一道名菜叫八宝葫芦鸭，主料是选择一只当年的芦花肥鸭，从鸭的颈部开出二寸口子，将鸭骨逐一取出，行内称为“整鸭出骨”。出骨时千万不能马虎，鸭皮不能弄破一点，在厨艺技术考核中经常会出这个题目，评委们会用出过骨的鸭袋子装满自来水，看看漏不漏水，有几处漏水说明有几个洞，一个破洞扣五分，几个破洞就把成绩几乎扣光了，此乃题外话。然后，将已经调味好的干贝、海参、虾仁、鲍鱼、冬菇、玉竹笋、莲子、火腿等，装入鸭袋中，保留鸭头，用手整成“葫芦”形，用麻绳扎紧“葫芦”上端的造型，在鸭身上涂些醋、蜜，入油锅炸至上色，经热碱水清洗鸭子表面的油腻后，装入盛器内，加葱、姜、酱油、料酒、冰糖、味精、鸡清汤，上笼蒸烂（鸭腹部朝下，约两小时），将鸭扣入盛器中（腹朝上），将鸭摆成葫芦形，把原汤倒入炒锅内，用湿淀粉勾芡，加葱油等调味汁，浇在葫芦鸭上即成。此菜特点是：形似葫芦，鸭肉酥烂，八宝鲜美，汁亮红润。

再举一例：连云港有一道霸王别姬，借用二千年前楚汉之战，西楚霸王项羽战败，其爱妻虞姬舞剑自刎，生死离别时的情形制作。这是我本人的一道名菜，选用一只野生大甲鱼、当年的花果山草母鸡鸡脯一对，配以水发冬菇、银耳、冬笋、葱、姜、红椒，加以鸡蛋清调味料等；先将甲鱼宰杀，留胆去内脏，洗涤干净，把盖取下，入葱、姜开水中过水，烹至成熟后，用鸡蛋清打发，在甲鱼盖上用海带、虾黄、发菜做成“西楚霸王”的京剧脸谱，上笼用微火蒸熟待用；随后，将甲鱼剁下头、尾、脚、爪，计十三块，加上冬菇、冬笋、葱、姜，入炒锅红烧至成熟；把鸡脯肉及肥膘肉同斩成茸，制作成十六只雪白细嫩的鸡球待用；随后用熟蛋糕雕刻成二把虞姬宝剑、一把西楚霸王的战戟，用鸡蛋皮卷成两只剑带，用红鲜椒雕切成剑带的红坠；接着就是装盘，先将红烧甲鱼扣装在盘中央，把甲鱼的头、尾、爪子都装好，形成一只完整的甲鱼，然后在甲鱼的四周装上溜好汁的鸡球，再在甲鱼上覆盖“霸王”脸谱，点装上用发菜做“霸王”的胡须，在甲鱼的头上点装上用白蛋糕刻成的一个“王”字，以示“霸王”的英勇和威猛，最后在围边青菜核，浇上芡汁即成。这道菜肴的特点是：甲鱼酥烂味鲜，鸡球爽口滑嫩，造型美观逼真。

“器”是菜肴的盛器，菜肴做得再好看，味道再鲜美，如果盛装不美，那就前功尽弃了。盛器的颜色、大小、形状、深浅、材质、性能等，都要和菜肴紧密配合，冬天的盛器需要保温，夏天的需要清爽；菜肴的颜色不要和盛器的颜色同一个色调，要协调；带汤汁的菜肴不能选用浅盘，如鱼类菜肴一般选用鱼形盘，适用又美观；汤汁较多的菜肴，多数选用汤盘或砂锅或铁板烧之类的盛器。过去有句老话叫“美酒不如美器”，茅台酒一旦用碗喝，你说还有什么意思呢？如果把葱油扒海参盛进一个普通的汤盘中，那就有失体面了，如果选一个骨瓷白且带金边的盛器，光彩、美观、大气，与海参的色调完美配搭，宴请方和来宾都会感觉光彩和荣耀。

“声”是菜肴本身的质地产生的脆感，食用时或烹调时发出，或者上桌时菜肴与油温或水分接触而发出。这种声音给就餐者带来一种美感和欢乐，增进席间和谐、热烈的氛围，提升食欲。有的人喜欢听脆的声音，海蜇、黄瓜、杨花萝卜、苔干、心里美萝卜、莴苣、油炸花生米、油炸锅巴等，经过咀嚼就会发出脆声。

会发出声音的菜肴还有响音馄饨参、锅巴虾仁、面包带子、张飞过瓜州、桃花盛开的地方、天下第一响、蚂蚁上树等。桃花盛开的地方是北京一名女厨师的杰作，曾在全国第一届烹饪大赛上获得金牌，它选用的食材是虾仁、番茄酱、菠萝、苹果、车厘子、猕猴桃、新疆马奶子葡萄等各种水果及锅巴，调料是冰糖、白醋等。先将虾仁上浆，滑油待用，锅巴下油锅炸至蓬松酥脆，装入盘中，再将各种水果汆水后与熬好的冰糖汁一起烧透，用湿淀粉勾芡，浇在锅巴上，最后撒上滑好的虾仁即成。锅巴由于刚从油锅中炸成，与各种卤汁接触时会发出啪啪的剧烈响声。此菜特点是：色彩鲜艳，锅巴金黄酥脆，各种果料美味可口，卤汁酸甜亮丽，点缀虾仁滑嫩爽口。

徐州市的一道地方名菜糖醋黄河鲤，现已被列为江苏菜系中的名菜。它的主要食材选用徐州黄河里的大鲤鱼，加以徐州市地方特产山楂糕，烹制而成。它的操作方法是，先将鲤鱼清理干净，在鱼两面互片花刀，每面十片，入葱、姜汁腌制入味后，挂生粉糊下油锅中炸制色泽金黄、酥脆为好。另起一锅将山楂糕炒成泥汁，加入冰糖及食醋，用湿淀粉勾芡后成明油亮芡，浇在刚出锅的鲤鱼上，即可上桌食用。上菜时，菜肴会发出啪啪的剧烈响声，此时会激发桌上客人赞许的掌声。此菜特点是：造型美观，色泽光亮，味道酸甜，松香酥脆。

“养”就是营养。这就要求我们大厨要讲究卫生、注重营养，在烹调时，从初加工开始就要注意不要让食材的营养流失。如，蔬菜要做到先洗后切。在大块原料上，如猪、牛、羊之类，也要先洗涤干净，再剁成小块，汆水过程不要太久，要不营养就会流失，鲜味也会跑掉部分。烹制过程中，要特别注意不要破坏食材营养，如蛋白质、维生素、矿物质、碳水化合物、（糖）脂类、膳食纤维、水这七大方面。烹制时间过长，不但口感不好，营养也会被损坏，就餐供应时间又得不到保证，客人意见大，恶性循环，得不偿失。中国大厨原来对菜肴营养不够重视，在几次世界烹饪大赛中，中国厨师在菜肴的营养方面吃了不少亏。之后，烹饪大学和烹饪专业学院加强了菜肴营养方面的研究和教育，培养了一批专业的大中学生。健康才能长寿，健康的第一要素就是讲究食品的卫生、食材的卫生。烹制菜点时，大厨们首先要把好第一关，确保原材料要无毒无害、新鲜安全，不符合卫生标准的食材，坚决做到不加工、不烹制；对腐烂变质的食品，绝对不销售、不供应。大厨本人也要养成良好的卫生习惯，勤洗手消毒，严格执行《中华人民共和国食品安全法》，保证我们所烹制的菜点让消费者吃得放心、吃得有营养、吃出健康来。

众所周知，有十大类食品被世界卫生组织称之为垃圾食品：

1. 油炸类；2. 烧烤类；3. 腌制类；4. 腊味类；5. 蜜饯类；6. 冷冻乳制品类；7. 膨化食品类；8. 咖啡、可口可乐、汽水类；9. 方便面类；10. 饼干类。

以上这些垃圾食品就在我们身边，有些还是我们喜爱的食品。随着社会的发展，人们的健康意识逐步提高，这些垃圾食品会越来越远离我们，我期待它离开得越远越早。

中国菜的烹饪方法多达百余种，常用的热菜烹饪方法可分：炸、炒、熘、爆、炖、焖、煨、烧、扒、煮、氽、烩、煎、贴、熠 、蒸、烤、涮、熬、拔丝、蜜汁、酿、焗、烹这二十四种；冷菜的烹调方法有炝、拌、腌、卤、冻、酥、熏、酱、卷、腊、挂霜、灌这十二种。中国菜肴的花色品种多，口味鲜美，中国大厨们还在不断开动脑筋，提高技艺，创新品种，讲究食材，注重营养，让中国菜肴在世界上立于不败之地。

第三章

奋发有为

夺关过隘当大师

二十世纪七十年代，我们厨师业内积极开展各项技术大比武活动。全省要举行餐饮技术考核，连云港不甘落后，奋勇争先，对我市的厨师进行摸底考核，把南京的名厨师请到连云港来考评。第一次考核，我就通过了，实践与理论都取得优异的成绩，获得了国家一级烹调师的职业技术等级证书。连云港市第一批考取一级红案厨师证书的一共有五人，分别是我的师傅卞家才、我的岳父孙松林、原味芳楼的老师傅金少卿，另外两个就是我和高振江。我和高振江是同一天参加工作，在一起工作、学习、研究烹调技术，我们在研究菜肴的品位和营养方面都能积极配合，为连云港市饮食文化的创新和挖掘起到了很大的作用。

我对烹调技术的钻研到了痴迷的程度，平时起早睡晚，废寝忘食，头脑里想的都是菜肴，有时走在路上，看见行人手里拿着鸡、鸭、鱼、虾之类的食物，头脑里马上想着如何把它做成一道什么造型、什么口味的菜。我经常一人去菜市场转，看有没有合适做菜肴的原料或食材。一天，我看到一个菜农卖南瓜，孤零零的，无人问津。我上前一问，价钱很便宜，且南瓜个头不大正好适合雕刻，一下全部买下来。菜农非常激动，不住感谢我，我一直笑，因为捡了一个便宜的“漏”。回到酒店，我在这些南瓜皮外面雕刻上花鸟如意、吉祥之类的小品，取下一个小盖，把里面的瓜瓤挖出来，经过初步加工后，往南瓜里装进各种食物，如鸡块、什锦、赤豆沙、海鲜等，分门别类地给它们起个美丽的名称，如美在其中、什锦瓜盅、金屋藏娇、八仙过海、全家福等。

一九七八年五月，经南京市烹饪技术专家考评，我被晋升为中国烹饪红案一级烹调师。考核时，要求每位考生制作一个什锦冷盘、八个围碟，还要制作一个整鸡出骨。考核菊花皮蛋、佛手黄瓜、兰花鸭肫、麦穗乌花四种花刀；还要做两道热菜、一个汤菜，热菜是连云港的名菜花果黄鱼和油爆乌花；汤菜为清汤鱼球。这些原料全是现场发给考生，当场制作，现场切配，特别是清汤鱼球要求很高，清汤要现场把制好的奶汤吊制成清汤，鱼肉斩茸后加肥膘泥、鸡蛋清调制搅拌后进行水汆，鱼球做到色白质嫩，味鲜美，汤清澈见底。

在做整鸡出骨这个品种时，要求特别严，刀功要精湛，手段要高，速度还要快，不能破皮，不能带骨。

几种花刀的使用是检验一个厨师刀功水平高下的试金石，原料都是考评方统一安排的，每位考生都是一样的，要求花形美、时间快、效果好、原料还不要浪费，剩料与成品都要一起送评。对于切出来的生料，由监考人员亲手汆水烫好，报评委打分。我做的花果黄鱼是连云港地方名菜，也是江苏名菜。它的主要原料是一条大黄鱼，配以几种花果山上的水果，如黄桃、苹果、山楂、樱桃、大梨、银杏等。这道菜的制作程序是：先将黄鱼初加工，切成片刀，用葱姜汁、料酒加少许精盐，将黄鱼腌制二十分钟。把各种水果均切成 1.5 厘米的方丁，汆水后待用。炒锅加入清油烧至六成热，将黄鱼挂上用生粉、面粉调制的粉糊入油炸制，炸时要保持整条鱼的造型，要求头昂尾翘，直至整条鱼色泽金黄、质地酥脆。另用锅将各种水果与番茄酱、冰糖及汪恕有滴醋熬制成糖醋汁。此时将油温升高，使鱼再酥脆一些，即可捞出装盘，随即将花果糖醋汁浇在鱼的上面，当鱼接触到卤汁时，随即发出吱吱的响声，响声越大，说明鱼的酥脆越好，效果越好。此菜特点是：头昂尾翘，色泽红亮，骨肉酥脆，酸甜果香。

一九八二年六月，经江苏省高级技术职称考评委员会考评，我被江苏省人民政府授予江苏省特三级烹调师。这次考核中，来自全省的几十名选手云集南京，先考烹饪理论知识，考试内容非常广泛，足足考了三个小时，有是非题，有填空题，有简答题，有问答题，有成本计算题，还有要设计的菜单，内容应有尽有，包罗万象，面面俱到，从古到今，从中到外，从干货的出率到原料的发制，从原料的产地到食材的性能，在菜品的烹制过程中火候的掌握，等等。

在理论考核中，还指定了一道中国名菜——北京烤鸭的制作全过程。从一只光鸭开始到烤制成功，中间经过的程序，包括烫皮、刷色、晾干、入炉烤制、掌握炉温及烤制时间到成功出炉，最后片鸭，装盘，配葱及荷叶饼、甜面酱，鸭架烧汤等，都得详细地描写清楚。另外还要设计一桌高级筵席，包括花盘带八只围碟、四热炒、八大件，还要配备两道时令点心和水果。这桌高级筵席的销售价是指定的。考评委指定这桌菜单的毛利率是多少，要求你把每道菜和整桌菜的成本计算出来，确实需要一定的水平和能力。

理论知识考完后，第二天考实践，检验每个人的刀功技术：分给各位选手如豆干、鸭肫、猪前腿肉、黄瓜，还发给大家每人一只光鸡（整鸡出骨用），要求大家把豆干切成火柴杆似的干丝；鸭肫切成菊花形；猪腿肉切成肉丝，要求长短统一，粗细均匀；黄瓜切成相思刀，把黄瓜切成一米多长，不能断。光鸡要求大家进行整鸡出骨，标准是鸡肉不带骨，鸡骨不带肉，鸡皮不能破，刀口不能长（规定二寸长），要求特别严格，务必速度快，质量好，出率多，剩料少。

考核热菜指定的菜肴是鸡粥鱼肚、油爆肚仁、葱爆鱿鱼筒、清汤鱼球。鱼肚要求现场油发，鸡茸、鱼茸现斩，肚仁现场发制，干鱿鱼则是头一天发给你，现场发制。热菜除了上述四道是指定的，还要求考生每人做两道自选菜肴，我的第一道菜肴是连云港名菜莲花海参，第二道也是港城名菜鸡汁枇杷虾。莲花海参的主料选用我国著名的大连产海参，它的制作方法是：先将海参发制好，加工后经鸡汤、葱姜煨透后入锅，加酱油、冰糖、料酒入味，扣入蒸碗中，上笼蒸制一小时待用。鸡脯肉斩成茸与肥膘泥、鸡蛋清调好，酿入雕好的莲蓬里（系熟鸡蛋雕好的莲蓬花），分别点装上青豆粒（莲蓬籽）入笼蒸两分钟待用。装盘时先将海参扣入菜盘中央，在海参四周边围放七片青菜叶，在青菜叶之间放一片火腿切的“荷花瓣”，然后再把熟鸡蛋（莲蓬果）置于青菜上面。上菜时，把原卤汁浇在海参及“莲蓬”之上，即成。此菜特点是，海参糯滑、莲蓬鲜嫩、造型美观、营养丰富。

鸡汁枇杷虾的主料是连云港地方特产大对虾，还有鸡脯肉、鸡蛋黄、熟火腿少许、鸡汁等。制作方法是：先将大对虾剥去头壳，与肥膘清水漂洗后，用刀斩成泥，放入盛器中，待用。熟火腿切成半厘米粗细、三厘米长的二十四条，小朵木耳摘净。鸡蛋煮熟后取蛋黄，然后搓成蛋黄细粉，待用。

鸡蛋清打发，与虾泥、肥膘泥、精盐、味精、料酒一起拌匀上劲后，挤成似“枇杷”形大小丸子二十只，入鸡汤汆熟后，捞出，滚粘于生粉后沾蛋黄粉，上笼蒸两分钟，即成。另起炒锅加入鸡汤、调味料，勾琉璃芡，待用。最后在每个“枇杷”的头端镶上小木耳，另一端镶上火腿条（类似“枇杷”的把和嘴）。然后，在“枇杷”上点缀“枇杷”叶，上菜时，浇上鸡汁，即成。此菜特点是，虾肉鲜嫩爽口，造型生动逼真，鸡汁香醇味美。

通过一天理论、二天实践考核，全省有七名考生被晋升为江苏省特三级红案烹调师技术职称，我名列其中。

一九八九年，我又报名参加江苏省劳动厅组织的特二级红案烹调师考核，考场设在扬州大学，考生为来自全省各地的符合条件的红案烹调师及白案烹调师。每位考生都要制作一个花色冷盘，自选两个热菜品种。评委会指定两道规定菜肴、一个汤菜。我的花色冷盘是荷叶花拼，各种冷卤菜品有十余种，如卤牛肉、火腿、油鸡、卤香菇、冬笋、素鸡、白蛋糕、肉松、山药、油菜心、五香鱼、黄瓜等。荷叶花盘是一道造型美观、刀功精细、色彩搭配巧妙的菜肴，食用价值特高。这道冷盘的整个造型是一张“荷叶”，旁边还有未开放的一朵小“荷花”，小“荷花”的顶部还有一只飞停的“小蜻蜓”，惟妙惟肖，形象动人，让人留恋得下不了筷子。

自选品种是芙蓉原壳大海螺、奶汤鱼皮、奶汤沙光鱼球。芙蓉原壳大海螺的原料是本港特产的大海螺，要求是鲜活的，它的制作方法是：先将海螺用清水洗涤刷净，入开水锅中汆透，把海螺肉剔出来，去掉杂物泥肠，用刀片成薄片待用；配料是冬笋片、红椒片、银杏、木耳、葱姜蒜等。海螺壳用开水再煮透，卫生达到盛装食品要求的条件待用；海螺片用葱姜、料酒入味后，用蛋清生粉上浆后，入温油中划透，与各种调配料烹炒时撒胡椒粉，装入海螺壳，即时把蒸好的芙蓉蛋分别镶在每个海螺上，即装盘上桌。此菜特点是：造型美观，螺肉鲜嫩，一客一枚，营养卫生。

奶汤鱼皮的主料是水发的鲨鱼皮，经刀工处理后，再入鸡汤中汆水，与冬笋片、火腿片、嫩姜片、冬菇片一起入鸡汤烧透后捞出，另取奶汤并加入各种配料，加入适量料酒、鸡粉、精盐等待烧开后，勾些生粉琉璃芡，出锅前放入几颗油菜核，上桌时淋些鸡油，即成。此菜特点是，鱼皮软糯肥嫩，虾仁鲜，汁醇浓，汤似奶，系滋养补品。

奶汤沙光鱼的主料是连云港特产沙光鱼，连云港海边的渔民中流传着“十月沙光赛羊汤”的美誉，只是时间上必须要保证，是每年秋季的十月。

沙光鱼属刺虾虎鱼类，生长在海水、淡水交界处的海边及咸水浅滩水中，鱼身呈浅泥色，头大肚大，嘴大，外貌丑，却肉质细嫩。有一民间传说，相传沙光鱼自以为长得快，以龙鱼自居，在鱼类中经常自吹一年一尺长，十年赶上海龙王。海龙王听到后，暴跳如雷，气愤地说：“这还了得，目无王法，将来若要成王，不就取代我了吗？哼，你长得快，我定叫你一年一脱胎，一季一换骨。”还真是的，沙光鱼尽管长得快，月月长，季季有，但每年产卵孵化后，便再也长不大了。因此，海边流传一首民谣：“骄傲自满小狂孩，忘乎所以太轻率，罚你一年一脱胎，十年还是小乖乖。”

连云港人都说沙光鱼汤好，这是劳动人民长年累月从生活中积累出来的经验。连云港人常说：“正月沙光熬鲜汤，二月沙光软溜当，三月沙光撩满墙，四月沙光干豺狼，五月脱胎元还阳……十月沙光赛羊汤。”烹饪奶汤沙光鱼时，我首先把沙光鱼的肉和猪肥膘都分别斩成茸，分别盛放碗中，加入少许鸡蛋清、精盐、葱姜汁、料酒搅拌上劲后，再将肥膘泥加入一起拌匀，再加入少许湿淀粉，再搅拌均匀后，汆成鱼球。随后，将用沙光鱼熬成的奶汤上火烧开，放入冬笋片、火腿片、青菜核，加入调料后，将鱼球放入奶汤中，即可出锅。食用时，略加少许白胡椒粉。奶汤沙光鱼上桌时，同跟滴醋和香菜碟，以供蘸食及选用。此菜特点是：汤汁如奶，黏糯鲜醇，鱼球色白如玉，味道滑嫩独特。

通过严格考核，我以优异的成绩，晋升为江苏省特二级红案烹调师。

第四章

经营之才

走上领导岗位

在黄海饭店，我一待就是二十二年。

从苏州烹饪学校毕业后，我被连云港市劳动局分配在黄海饭店，当了厨师长。

黄海饭店是连云港市唯一一家高级饭店，可为国家回笼资金。当时国家实行的是计划经济，全部按计划供应，城市居民每人每月的粮食是二十六斤半，其中包括粗粮，有地瓜干、玉米粉、高粱粉。每人每月半斤猪肉、二两油，生活非常艰难，什么都要计划，样样东西都凭票供应。作为高级饭店的黄海饭店，到市食品公司、蔬菜公司、水产公司、粮油公司、烟酒公司进各种食材则是不要计划的。我是黄海饭店的厨师长，又是采购员，只要我去这些地方采购东西，任何手续都不要，只要付一份委托书，交了款就完成了。

一九七八年后，我当上了黄海饭店的总经理。

在黄海饭店时，我当过采购员、服务员、仓库保管员、面点师，炸过油条、包过水饺、站过水案、炒过菜、搞过水发货，几乎每个工种都干过，在炉子前站了十八年，练就一身熟练的烹饪技术。在黄海饭店当经理时，我带领全体职工爱岗敬业，强化企业管理，讲究饮食卫生，改善服务态度，认真贯彻党的方针政策，加强企业安全保卫工作，带领黄海饭店在全市饮食行业中取得美誉，多年被评为全市先进单位、行业标兵、明星企业。我个人多次被评为全市劳动模范、先进工作者称号，我还当选了市人大代表、优秀企业家和优秀共产党员。

一九八三年，组织上把我调到连云港市连云饭店，担任副总经理、工会主席。

一九八四年，我出任连云饭店的总经理、党总支书记。

连云饭店是隶属于连云港市商业局的企业，是我市一家涉外企业，专门接待中央、省、市领导，是我市唯一接待外国友人和外轮船员的企业，也负责接待中央、省、市领导。涉外企业的外事纪律非常严格，外事无小事，不论谈吐、举止要求都非常严格，不能做丝毫有损国家声誉和形象的事，不能违反外事纪律。单位员工的全体素质非常高，思想觉悟也高，他们的业务能力很娴熟，服务接待水平不一般，与外宾交流时语言非常流畅，特别是在餐饮接待方面。在连云饭店期间，我陆续组织接待过党和国家领导人以及国家多部委的领导，还服务了一些中央在连云饭店召开的有关会议。

每次接待之后，我们都会受到首长和领导的表彰和奖励。

那些年来，我们多次接待、服务来自澳大利亚、菲律宾、美国、加拿大、日本、韩国、法国、俄罗斯、朝鲜以及中国港澳台地区的友人。二十世纪八十年代初的一次接待外事活动，让我记忆犹新。我们接待一大批美国客人，有一百一十人左右，他们中间大多是美国的军人、机关人员，岁数较大，多数是夫妻俩，乘坐一艘加拿大“探险家”号的游轮，从大西洋进入太平洋，来到连云港，航行一万二千多公里。之前，我们从未接待过这么多人的外国来宾，市政府、省政府旅游局都非常重视，市政府办公室、市外事办公室、市公安局、市旅游局、市卫生局、市交通局、市商业局等相关单位，都加入到接待队伍中来，要保证接待好。我们连云饭店全部按照高规格的接待形式，配齐了车队、翻译、医疗队伍，加强了安全保卫人员，精选了我市各方面的优秀厨师队伍入进驻连云饭店，从中餐到西餐，从冷菜到热菜，在切配、雕刻、烹调、面食、点心、甜食，饮料等方面都进行了精心准备。

我是这次接待任务的主要责任人，是菜肴设计和早、中、晚三餐的厨师长。我带领各位厨师制订了整套菜单，还亲自制作这次接待任务的主要筵席的花色冷盘孔雀开屏。这道菜肴色彩鲜艳，刀功精细，造型美观，活灵活现；各种原料巧妙结合，美国友人欣赏、品尝了，啧啧称赞。在这次接待中，热菜的品种也非常新颖，如西后鸡、油爆乌花、凤尾对虾、蛤蟆玛炖西米、猛虎下山（酸甜大黄鱼）、三英战吕布，等等。

说下猛虎下山这道菜肴，选用大黄鱼一条，先把黄鱼的头部用刀切下，然后取出鱼的脊骨，两扇鱼肉连着尾巴，剔出鱼的胸刺，两扇鱼肉坡刀切成菊花，但不能切破鱼皮，鱼头从下巴破开，和鱼扇用葱姜、料酒腌浸入味，待用，另用炒锅将冰糖、话梅汁、柠檬汁、番茄酱用少许水稀释后，上火熬透成糖醋汁，备用。炒锅注入油，上火烧热，将黄鱼用干淀粉滚匀后，放入炸制成菊花形，鱼尾反翘起来，鱼头也放入油锅炸制，至鱼质酥脆、色泽金黄时，即可出锅装盘，镶上鱼头，菊花朝上，鱼尾反翘，浇上熬好的糖醋汁即成。然后将已雕好的“王”字镶在鱼头之上。这道菜的特点是：造型美观，刀功精细，芡汁红亮，酸甜美味，形似猛虎，肉骨酥脆。

凡是对外接待任务，只要上级组织来一个电话，我都会出色、毫不含糊地完成好。

一九八五年，日本堺市访华团来连云港访问，负责接待的宾馆是连云港市人民政府第一招待所。日本堺市与连云港市已缔结为友好城市，省、市政府非常重视这次外事活动，全市的公安、卫生、旅游、交通、商业、园林等单位都分配了任务，各负其责。我是这次接待活动的大厨师、厨师长，负责制订菜单。在这次接待活动中，日本友人达三十多人，就餐人数为五十人，有时是十人一个整桌，其余都是自助餐。筵席菜以淮扬菜系为主流，连云港的海鲜品种首当其冲，有大对虾、彤蟹、黄鱼、鲜贝、海参、鲨鱼翅等。热菜品种有蟹黄鱼翅、鱿鱼雪蛋、油爆乌花、凰尾大对虾、葱烧海参、蟹粉过寒菜，等等；面点有葱油小脆饼、虾皮豆腐卷、日本的紫菜寿司和韭菜春卷等，都受到了中外贵宾的赞许，他们伸出拇指说“好”！这是对我们辛勤劳动的肯定，我们感觉很自豪。

在连云饭店工作了四年，连云饭店的社会效益和经济效益不断扩大和提高，一年比一年好，当年就扭亏增盈，每年的增值都在 30% 以上。连云饭店开业以来，第一次实现了利润，企业职工福利得到了改善，拿到了奖金，得到了实惠，进一步激发了职工劳动的积极性。大家干劲十足，把企业当成是自己的家，处处为企业增收节支，人人都动脑筋、想办法，不论客房、餐厅还是卖品部，人人都在为企业增加收入。连云饭店的卖品部是全市第一家被申请批准有金银首饰经营证的，他们三天两日到北京、上海去采购黄金首饰，每月的营业收入非常可观，连云港市百货大楼的金银首饰柜台都做不过他们。每到年终，我们卖品部的同志奖金都拿得很多，大家思想豁达，不眼红，真正做到上不封顶、下不保底，充分体现了多劳多得、少劳少得，不劳不得的原则。

连云港客房部主动开着客车到火车站去迎接旅客，主动联系来店旅客，接待各类会议；餐厅积极开展优质服务活动，面向社会，面向大众，开展优惠订餐，接订各类筵席、庆祝活动，积极提高经济效益和社会效益。这样，我们的职工收入和奖金又得到了提高，社会声誉反映又好，真正体现了“两个”效益齐丰收，企业和个人都喜欢。在全省涉外单位的评比活动中，连云饭店多次被评为全省旅游先进单位和全省商业系统先进单位、全市先进单位和连云港市先进标兵企业，受到国家安全局多次表彰，被连云港市国家安全局评为涉外企业的先进单位。

在陇海饭店的日子

一九八七年三月初，春节刚过，我到连云饭店新年上班第一天，全店职工正开展一九八七年度职工体育比赛活动。突然，商业局党委通知我马上到局里开会。

到局里时，党委一班人都在，书记说：“经局党委会议研究，你被调到连云港市陇海饭店，明天就要去报到，职务是总支书记、总经理，配给你两名副经理、一名工会主席。”我一点思想准备没有，感到很突然。说心里话，我是不太愿意去陇海饭店的，原因有四：一是，陇海饭店很复杂，员工的文化程度不如连云饭店。连云饭店的员工大多数是高中以上文化水平，相当一部分都是大学生，还有几个翻译，大部分人员的外语水平很高，涉外单位经常接待国外友人，这也是工作需要。二是，陇海饭店经济效益一直很差，企业管理混乱，常年亏损，职工每月连福利都无钱发。三是，陇海饭店环境太差，内部设备陈旧、老化，客房、餐厅装潢破旧，多年失修，更为严重的是，陇海饭店在新建时就由于建筑质量问题出了事情，处理过几个有关责任人，属于危险房屋。四是，职工的工作服都不能按时更新，两三年都没给员工做一件服装，二百五十名员工的服装乱七八糟，各式各样、各种颜色的都有，有蓝色的，有白色的，有灰色的，有劳动布的，还有穿着“文革”时期带有“为人民服务”字样的服装，以及带有“安全生产”字样的服装，破破烂烂，有的工作服洗得虽然很干净，但不是缺一个纽扣，就是缺两个纽扣。再想想连云饭店，只拿工作服来说，春夏秋冬各式工作服按季节量身定做，西装是全毛的，上班都得打领带，和陇海饭店一比，简直是天壤之别。

我去了，上述这些问题都需要我去拿主意，想办法解决，可怎么解决？我好像看到陇海饭店上上下下的人都在看着我，说：你是一把手，你要为企业和全体员工着想，要为他们负责……

不服从组织调动，绝对是不行的，作为一名共产党员，听从党组织指挥，坚决服从分配，这是我的责任，也是应该做的。

陇海饭店于一九七七年试开业，当时是我市餐饮行业的排头兵，隶属连云港市服务公司。陇海饭店总建筑面积有七千平方米，楼高五层，下设客房部、餐饮部、旅游部、商品部、旅馆二部、美容部（芙蓉理发厅）、浴池部（碧波池），占地面积三十六亩。初期，陇海饭店在连云港市是首屈一指的，从经营规模到各项设施，在全市都属一流企业，餐厅一次性可容纳八百人就餐，服务是多功能、全方位的，集吃、住、游、购、洗浴等于一体，一应俱全。各类大、中、小会议室和接待室配套，除了全省、市一些大型会议，每年全市的大型会议，人代会、政协会、先代会、党代会代表住宿都被安排在这里。陇海饭店的冰库储藏能量很大，品种多，一些海鲜、河鲜、畜类品种都不少，应有尽有，食材极为丰富，为原材料上提供了保障，在全市独一无二。

到了陇海饭店，我看到职工精神状态不错，他们并没有因为低收入而感到低人一等，相反，大家都为在这个大企业工作感到很光荣、很自豪，感觉在陇海饭店还能学到技术，很有前途，处处顺心如意。

我发现陇海饭店经济效益上不去就是因为企业管理问题，从一九八三年度报表上看，陇海饭店的各项经济指标大幅下降，企业严重亏损，之后几年逐年亏损。

我带领新班子到位之后，一个接着一个问题来了。上班第一天，刚到办公室，餐饮部负责人来报告，说今天中午旅客食堂没有大米，中午饭无法供应了。按理说，没有米不要紧，去买米嘛。但是，饭店财务上说：没有钱，怎么买米，况且又没有粮票。我就问财务：粮票呢？我知道，国家安排两万斤粮票给陇海饭店，那是周转的粮票，不应该没有。当时社会是计划经济，市民的粮食供应还没有敞开，还要计划供应，没有粮票，到自由市场多花点钱去买，也是能买到的。我有点想不通了，陇海饭店的粮票怎么没有了，去哪了？我盘根究底查了查，原来这两万斤粮票被膳食科在供应中不收粮票，高价给卖了，一斤粮票多卖两角钱，也就是每碗大米饭（半斤）壹角钱。我心里很来气，企业已经严重亏损，还把国家分配给我们的周转粮票给卖了，这不是天大的笑话吗？！

中午即刻来到，旅客需要就餐，还没有粮票，没有大米，没有钱，怎么办？真是“等米下锅”了。这时，陇海饭店还有一个会议，如果代表们中午吃不上饭，那真是影响太坏、太大了。摆在我面前的第一个难题怎么解决？我急中生智，想到了一位农场的朋友，我市新浦农场一位姓尹的老朋友，是农场的书记。我一个电话打过去，叫一声“尹书记，救难”。他二话不说，马上派汽车给陇海饭店送来四吨大米，把就餐问题解决了。

第二天，锅炉房又来报告，锅炉房没有煤炭，锅炉要停了。我一问，还是因为财务上没有钱。我只好向市云台宾馆告急，请求云台宾馆贾总经理支援帮助。贾总听说了原委之后，马上给陇海饭店先送来一汽车煤炭，解决了“燃眉之急”。

企业有点乱套了。

我在两件事的处理上力挽狂澜，给企业全体职工树立了信心，增添了力量，他们都感觉到陇海饭店的新领导班子了不起，像个样子，陇海饭店有希望了。

为了尽快改变陇海饭店现状，我采取了一系列措施，一是去无锡市的锡湖宾馆，请他们宾馆的服装厂到陇海饭店来，给每位职工量身做工作服，每人春季两套、夏季一套、冬季一套，共四套。工作服布料很好，价格不贵，洗后免烫，而且做工很好。工作服的各项费用在年底交付。无锡市锡湖宾馆的裴总是我的多年朋友，知道我目前困难，但他绝对信得过我，答应得很干脆，说：“不要紧，两年内付款都行，不必考虑，朋友有困难，理应来帮助。”

很快，陇海饭店的面貌得到了改变，职工的精神面貌焕然一新，企业里外上下换了面貌。两个多月以后，陇海饭店的“两个”效益非常好，经济效益一天一个样，一月比一月高，企业转亏为盈了，职工的收入也提高了，原来职工每月一分钱奖金都拿不到，现在每月都能拿到几百元奖金了，他们工作起来干劲十足，越干效益越好，奖金也就越来越高。陇海饭店在社会上的影响越来越大，步入了良性循环，当年就顺利完成商业局党委下达给陇海饭店的各项经济指标和工作任务，还大大超额完成指标。年终，商业系统总结表彰大会上，陇海饭店被评为全系统年度先进单位，这是陇海饭店多年的“先进”梦想，今天变成了现实。

二十世纪九十年代初，正值国家全面改革大潮，陇海饭店全体职工积极响应党的伟大号召，大干快上，破墙开店，深化改革。陇海饭店改革开放意识较强，大胆地将原来不太景气的周边门面房挤出来，一搞就是十几间，作为店面对外承包经营，一下子走在全市的前面。当时，一间门面房一年几万块，仅这一项就几十万的收入，大家越干越有奔头，各种经营路子也就越来越多，企业年收入越来越高，职工的奖金、各项保险也就逐年递增，大家都把企业当成是自己的家，职工成了企业真正的主人。

说说客房部吧，她们都把客人当亲人，客人有什么困难，她们就主动帮忙，旅客们也把陇海饭店当成是自己的家，真是“宾至如归”。很多旅客再来连云港时，都会主动住到陇海饭店，有的旅客在连云港搞经营，也把这里当成办事处，如做减速机业务的、经营汤沟酒类的，还有的租上几间客房做工程处，也有用来做重大项目筹建处的，等等。客房部每年都超额完成任务，为陇海饭店总指标的完成奠定了坚实的基础，况且客房部的成本较低，就是水、电、气和人员工资，少量的低值易耗，别的都是利润了。

陇海饭店膳食部的主要任务就是接待筵席预订、旅客的就餐、承接各类喜庆筵席，如婚庆、寿筵、生日、升学、乔迁等各类宴会，还有团体会议、同学聚会、战友会餐等。他们烹制的菜肴花色品种繁多，饭菜清洁卫生，口味鲜美适口，特别是在海鲜菜肴制作中享有独到之处，深受广大旅客的好评。膳食部多次被评为陇海饭店先进单位、标兵单位。同时，膳食科的厨师们在省、市举行的烹饪大赛中屡创佳绩，夺得金牌、银牌，获得江苏省举行的烹饪大赛第一名、技术能手称号。他们是吉志祥、刘树春、董晓明、顾俊生、董健、吴新华，他们都取得了高级烹调技师职称、享有中国烹饪大师称号。

膳食部的明月酒家在连云港的影响也很大，供应的菜肴以淮扬菜系为主，粤菜、川菜、鲁菜特色也经常不断被推出来，社会效益和经济效益并驾齐驱。

陇海饭店旅游部开展的业务十分活跃，部门有大小客车四部，每天按时到火车站、汽车站接送客人，受到广大旅客的好评，给企业创造了较高的经济效益。他们开展的市内一日游、东海温泉游、花果山一日游、夏季的海滨浴场一日游，生意非常火爆。

陇海饭店碧波池在连云港市很有些名气，每天到碧波池洗浴的人特多，楼上的女宾部也是生意红火，洗澡的人很多，有时需要排队，特别在逢年过节时。碧波池的业务非常繁忙，主要是池大、水清、卫生、淋浴龙头多、空间大、宽松卫生、安全可靠。浴池部每年的经济指标都能提前超额完成。

陇海饭店的旅馆二部，设施普通，属普通住房，房费大众化，但是环境卫生清洁，服务热情、周到，旅客到市区办事方便、快捷。

陇海饭店逐年深化改革，首先是新建龙凤居酒楼，第二步是筹建陇海商城，第三步是改造碧波池，第四步开办国内贸易部南京烹饪技术培训站连云港分站，第五步是在陇海饭店大院里筹建大森林歌舞厅和影视厅，第六步是开设翠竹餐厅。陇海饭店一步一步地进行，稳扎稳打，步步为营，同步发展。我们还扩大芙蓉美发厅，新增了陇海干洗部。饭店上上下下红红火火，热火朝天，全店几百号人，心往一处想，劲往一处使，让饭店连续十五年的经济效益、指标任务都完成得非常好，在全系统被评为明星企业，在全市也名列前茅，多次被评为连云港市先进单位称号；连续五年在全市商业系统开展经营之光杯竞赛中被评为“经营之光杯”先进单位。

吃在龙凤居

一九八九年，陇海饭店的锅炉房前院外堆满了小山一样的炉渣灰，我看见了，心想，这个地方位置多好，怎么堆起炉渣来了，实在太可惜！我召集领导班子研究商量，怎样利用那块地方？我拿出了主导设想、方案——建一个酒楼。大家各有分工，分头准备，有的到规划部门了解如何申报批准，有的跑土地局申请土地使用，有的跑财政局疏通资金的来源。我们请专人来设计酒楼，计算土建、装潢、设备、厨房的工程量、造价、用料，筹划餐厅的餐具、酒具、茶具、餐桌、餐椅、工作服装的品质、样式，制订将要吸收工作人员的计划，工作很忙，千头万绪。大家很努力，各种需求很快得到落实。资金问题是个大问题，由市里领导牵头，市财政局协调，到省财政厅帮助贷款，通过各方努力一下子解决了。

龙凤居酒楼的设计开始了。整个酒楼上下二千多平方米，我们专门去苏州，请苏州金螳螂装潢公司设计，要求古色古香、装饰优雅、格局精美、环境舒适、档次高、以屏风隔段。龙凤居的定名是我亲自创意、设计的，特意请中国著名书画家尉天池教授撰写店名，充分体现了龙凤居酒楼的含金量。龙凤居内设两个厨房，分二楼和三楼，设备齐全，布局合理，空间宽敞明亮，中西餐配，洗消齐全。高雅包间配仿红木桌椅，古色古香，诱人流连，久留不烦。包间有单间、双桌间、多桌间，可分可合，一次性可容纳四百人同时就餐，是港城首屈一指的集吃、喝、玩、乐的好去处。

龙凤居酒楼服务员清一色都是来自港城旅游学校和商业学校毕业的妙龄美女，厨师都经过专业培训，取得等级厨师、点心师资格。烤鸭师是经北京全聚德烤鸭店培训的合格者。烹调师都是在南京四川酒家、苏州松鹤楼、扬州绿杨邨酒楼、菜根香酒楼、扬州大酒店进行专业培训出来的。龙凤居经营之前，厨师、服务员在技术上精益求精，工作认真负责，对顾客服务到位，烹制出的每一道菜点都能做到讲究卫生，注重营养、美味适口，顾客大多满意而归。

龙凤居酒楼开业之后，声名在外，许多行家都纷纷来连云港观摩学习，南京、苏州、徐州、无锡、镇江、南通、淮安、华西村、扬州、杭州等多家餐饮同行都赶来。龙凤居的生意越做越红火，凡是到龙凤居来就餐必须提前预订，否则就排不上队。龙凤居服务规范，每个餐厅、每桌开席前，服务员都会用规范的普通话首先说欢迎词，紧接着端上一道汤羹，介绍说："为了各位宾客的身体健康，请大家先用汤，再饮酒。"非常简单的欢迎词和暖心的话语，受到就餐者一致点头夸奖。

龙凤居酒楼的烤鸭非常正宗，鸭子是从北京用冷藏车拉来的。我们到北京大兴去拉鸭子，一拉就是四吨，全是光鸭、填鸭，每只鸭子都在五斤左右，做烤鸭就得按这个要求。我们做北京烤鸭的炉子是按照北京全聚德提供的图纸设计砌制的，分毫不差。做烤鸭选用的木头也是从北京采购的，用的是枣树的木头，味道特别的香，颜色也特别的好看，呈枣红色，特别透亮。吃烤鸭的荷叶饼里都裹有大葱和甜面酱，我们用的都是北京的货。各地酿造甜面酱的方法、投料、时间都不一样，鲜度、甜度自然也不一样。

北京的大葱与其他地方不一样，很甜嫩，很少辣味。烤鸭及花鼓葱和荷叶饼合在一起，吃起来感觉特别爽口、鲜美，多吃不腻。现在有些烤鸭店的荷叶饼用春卷皮来代替，还有用簿饼来代替，甚至用百叶来代替，这叫乱弹琴、瞎胡闹，简直就是把中国菜肴的传承美德给改变了。

据说，在一九七二年二月，美国总统尼克松夫妇访问中国时，毛主席在北京会见了尼克松夫妇，在人民大会堂，毛主席与尼克松夫妇共用了晚餐，周总理安排了北京烤鸭。尼克松夫妇吃到北京烤鸭后，连声称好，赞不绝口。离开中国时，尼克松总统夫妇向周总理提出："北京烤鸭太美了，我想带两只回美国给家人品尝，还要总理你给我两个烤鸭师傅到美国去，做烤鸭。"周总理满口答应下来说："行，烤鸭师傅就不用去美国了，我们可以帮你培养烤鸭师傅，你们可以派人来北京嘛。"尼克松回到美国后，选派了四名美国厨师到中国，被安排在北京全聚德烤鸭店学习烤鸭技术。他们一切从零开始学习，中国厨师也不保守，手把手地教，选鸭、烫鸭、上浆、风晾、烤制、片皮装盘、做荷叶饼和葱酱，他们都学会了，还不是一般地学会，起码可以当个小师傅。几位大厨回到美国后，尼克松总统夫妇品尝北京烤鸭时，就说：不好，味不对，怎么没有我们在北京时候吃的那个味？什么原因呢？这些原料都是从北京空运来的，一切都是按照北京的方法做的，为什么没有北京的味道？后来，尼克松总统又叫他们再回到中国去学，学成归来，尼克松吃完烤鸭后还是说：味不对。其实，说到差别，就是烤制时用的木头。烤鸭用的是果木，所差的一点就在这里。

港城人民当时社会上流传这样一种说法："住在天然居，吃在龙凤居。"由此可见，龙凤居的美食颇有些名气。

龙凤居的特色菜肴有北京烤鸭、蟹黄扒鱼翅、葱烧海参、砂锅炖全鸭、脆皮落地王（鸽子）、芙蓉原壳大海螺、油爆西施舌、铁板尖椒牛柳、猛虎下山（花果黄鱼）、梅雪争春，等等。

龙凤居的特色菜肴还有法国的白玉蜗牛、日本的太平洋七星鲍鱼。白玉蜗牛这道菜的制作方法：主料是法国的白玉蜗牛，由人工养殖，厨师事先准备好各种调味料，如上等生抽、芝麻酱、红腐乳、柠檬汁、香菜、西芹、泰国辣椒酱、芥末油、白糖、胡椒粉等，调成叶味碟，就餐者各客一份。在桌面上放一大型燃气或烧木炭汤锅，待汤锅沸腾时，各自所需、辅助食用。这道菜营养成分较高，价格昂贵，如需可以随加，食用起来非常方便，口感好，心情爽。

活吃鲤鱼，是龙凤居一道有特色的美味佳肴，它选用港城蔷薇河的野生鲤鱼，要求每尾活鲤鱼在二斤左右。此菜的特点是口味酸甜，口感酥脆，造型美观。上桌后，鲤鱼双眼眨动，四周张望，鱼嘴在吧嗒。当菜肴端上桌，就餐对象一见头和尾是鲜活的、双眼和嘴巴在动，会发出惊奇的高呼赞美声。烹制此菜时，先将鱼鳞刮净，在鱼身两面剞鱼片刀，挂上鸡蛋生粉糊后，用抹布把鱼头和尾包好，不能碰到热油，厨师一手紧握鱼头，一手紧握鱼尾，把鱼身入七成热的油锅炸制，待鱼酥脆时即可装盘，浇上已经烹制好的糖醋番茄汁，即能上桌（卤汁浇在鱼身上，头尾不浇）。

做这道菜时速度要快，各方面都要充分地做好准备，比如葱、姜、蒜及调味料、卤汁，装鱼的盛器、点缀等。

龙凤居的包间装饰典雅，室内挂有名人墨宝字画，每个包间都有自己的特色，赏心悦目，陶冶情操。

龙凤居的“水晶宫”餐厅空间大，装潢考究，餐具都是银质餐具，酒具、茶具也都是银质的，非常大气、高雅、亮丽，是整个龙凤居酒楼最好、最高档的餐厅。这个餐厅的餐标每人一百元以上，最高接待在一千元左右，在这里就餐就是一种享受。

第五章

操笔著书

写了一本菜谱

刚开始做厨师，我就知道今后有饭吃了，一辈子也不会挨饿。肚子挨饿问题解决了，我又想到，既然干，就要干好，干好了，今后还要成家立业。所以，我下定决心，一定要干出成绩，要出人头地。

吃苦在前，享福在后。只有多吃苦，才能多学手艺；只有自己动手、自己研究，才能掌握第一手资料；只有一次一次地研究，方能得出结果。失败是成功之母，在工作、研究中，经常失败，但我不灰心，怎么办？重来！我深知，不管干什么工作，都不可能一下子就成功，第一次不行，就来第二次、第三次，直到成功为止。如发海参，老师曾经粗略地教过我，但是在实践中，遇到的情况就不一样，因为海参的品种比较多，有刺参，有无刺参，有中国海参，也有进口的外国海参，有浅海的海参，还有深海的海参，有热带地区的海参，也有寒冷地区的海参，有人工养殖的海参，还有野生的海参，有生长期时间长的，还有生长期时间短的，等等，在发制的过程中，你就得掌握好情况，要了解它的材质。渔民们有很多干制海参的方法，如按正常的干制方法，就是将鲜活海参用水煮透后，再滚上草灰，进行日照晒干，中途不能遇雨水浸湿，保存过程必须讲究才能长久。

我们在使用过程中经常遇到购来的干海参在涨发的过程中，出产不高，一斤干海参只能涨发出四至五斤，有的在干制的时候，加进盐或葡萄糖，口味或咸或甜，这样的海参涨发率就很低。现在的涨发剂五花八门，普通人无法鉴别，难以掌握。一般正常的海参涨发率都在八至十二斤左右，主要看质量、看个头、看干湿度。有的奸商在海参干制前的一个时辰，在每个海参的一头插进一根铁丝钉，增加海参销售时候的重量，也有的把干海参在熬好的木工胶里打一个滚，捞出来让阳光照一下，海参很干、很硬，也很刺手（因为我们内行人在选购海参时用手抓一下海参，很干、很硬、参身刺手的话，说明这海参质量好），这种海参如果用了木工胶滚上之后，在热涨发的时候，胶就因受热而化解，使整个海参发黏，而无法再发制，更无法食用了。我们一定要把控好质量关，多学一些有关方面的知识，不要轻易上当受骗。

我对烹饪的食材研究非常多，就不一一列举了。

我常想，自己做了一辈子的厨师，教导了不少学员，传授了不少徒弟，难道这就行了吗？显然不行，我要把自己所掌握的烹饪技术传下去，留给社会，留给后人。很早之前，我就想写一本菜谱，那是在一九八五年，只因我的文化水平不高，写作能力欠佳，加上工作繁忙，总是在忙中偷点时间写一点，写写、停停，拖拖拉拉地写了近四百个菜肴品种。后来，我结识了市文联作家张文宝，他是个热心、谦逊、低调的人，他无私地帮我，忙里偷闲帮我梳理、调整、打磨书稿，直到结集出版。出版前，这本书得到了中国烹饪泰斗、南京厨王、中国烹饪大师胡长龄老师的关心和支持，专门赶到连云港来看望我，指导我写菜谱，还给写了序；中国烹饪大师、苏菜烹饪泰斗、苏州市烹饪学校校长、教授张祖根也给予了教诲；江苏省商业厅、省餐饮服务公司、全省各市的烹饪大师和同行们都对我给予了支持和关心，没有他们的呵护，我是没有今天这样成绩的。

《承祖菜谱》于一九九六年由中国妇女出版社出版发行，书号为中国版本图书馆 CIP 数据核字（95）第 23018 号，印数五千册，二十一万五千字，收录了二百一十六个品种的菜谱。出版时，出版社赠送我三百本。一九九六年秋，在连云港市黄海度假村宾馆举行了《承祖菜谱》发行新闻发布会，与会代表来自北京、南京、苏州、杭州及全省各市县的同行朋友，发布会非常隆重，影响很大，受到与会代表的一致好评，江苏省烹饪协会、江苏省商业厅领导对《承祖菜谱》给予了很高评价。特别是省饮服公司的领导在会上说："周承祖是个了不起的人物，平时钻研烹饪技术，工作之余，书写菜谱，餐饮服务工作十分繁忙，他在百忙之中，忙里偷闲，用十年的时间，把自己多年的心愿完成了。菜谱今天发行了，周承祖把菜谱的名字定为《承祖菜谱》，在江苏全省出版菜谱的，从来没有以自己名字为菜谱名称的，只有周承祖一个，真是了不起，胆子大，了不起。"

想一下，还真是的，当时在全省真没几个市、县出菜谱的，连云港市也没有自己的菜谱，全省只有南京、苏州、扬州出过地方菜谱，都是市里牵头、公家出资，根本没有个人出菜谱的，在全国范围也很少以个人名字出菜谱的。

《承祖菜谱》全部赠送兄弟市县同行单位、好友、弟子、学员和驻连部队的同志们，对外不出售。《承祖菜谱》在社会上影响很好，受到阅读者的一致好评，书中的菜品中，有的品名虽然食材成本很高，但是在加工过程中，方法教学很详细，容易掌握，制作起来比较容易，调味不复杂，不难办，菜肴制作完成后，整体效果俱佳。

《承祖菜谱》中有些菜品很有情趣，带有历史典故。故书中有"天上龙肉，地下驴肉"这个菜品，不少人对驴肉望而生畏，不敢品尝，却不知驴肉味道之美，世间少矣。根据历史典故，我制作了一道菜，主角是历史上八仙之一的张果老。

吃菜肴，就是吃文化。我先说说张果老在连云港花果山当路村的故事。

相传，有一天，神仙张果老骑着一头毛驴，来到花果山脚下的一个小山村。春光明媚，阳光和煦，满山的桃花、杏花芬芳荡漾，山泉流水潺潺有声。张果老情不自禁地从驴身上跳下来，一手牵着驴缰绳，一手拈着胡须，沿着麦田间的小道欣赏人间的仙境。

忽然间，从背后传来一阵叽叽喳喳的吵嚷声，一群乡民追着他的脚步围了上来，把他和驴围得水泄不通，挡住了去路。一个乡民说："老头儿，你的驴吃了地里的麦苗，你不赔青苗，要牵驴赶路，没门儿。"张果老听了，哈哈一笑说："我的驴怎么能伸头吃地里的麦苗呢？"乡民们一口咬定，说他的驴吃了田里的麦苗，不赔青苗，要想赶路办不到。张果老无可奈何，只好说："诸位父老乡亲，既然大家认定我的驴吃了青苗，我再三解释，诸位不信，那只好请磨刀宰驴了，剖腹查看吧，如果我的驴果真吃了青苗，一定如数赔偿，只是驴皮可得归我啊。"小毛驴宰杀了，剖腹一看，乡民们都惊了，在驴肚子里没找到一根麦苗。张果老对乡民们说："父老乡亲都看到了吧，我的驴没有吃地里的麦苗，既然大家相信，我可以走了吧？"说罢，他将手中驴皮一抖，又变出了一头活生生的毛驴，转身就走。众人看了，都觉得稀奇，又追上来，想弄明白哪里又来的毛驴。张果老看见这群人又跑了回来，心里想：这里的人真厉害，为几棵麦苗杀了我的一头驴还不罢休，还要来抢这一头驴，三十六计走为上策，快跑、快跑。他嘴里咕哝着："天上龙肉，地下驴肉！"跳上毛驴，倒骑着跑了。这时，众人才知道，骑驴者是神仙张果老。村民把驴肉弄回家，烧着吃，山村里香气扑鼻，久而不散。从此，驴肉好吃就被传开来了。这个村庄就被叫作

“挡驴村”。日久天长，乡民们说溜了口，把挡驴说成了当路，当路村就一直传至今天。

俗话说：“要健康，喝驴汤。要长寿，吃驴肉。”驴肉可熟制各种风味佳肴，非常鲜美细嫩。它适宜做佐酒的五香驴脯，口味酥香的芝麻驴排，味道醇厚的红烧驴肉、京葱扒驴肉，特别是砂锅炖驴脯，是冬令的滋补佳品，此菜特点：浓烂鲜美，汤清利口，嫩似豆腐，原汁原味。

借用古典名著中的典故、细节、人物创作菜肴，在《承祖菜谱》中有很多，如“猪八戒招亲”等，生动有趣。

《承祖菜谱》中借用耳熟能详的一句话制作的海鲜菜肴也不少，如“一帆风顺”，原指船挂满帆，一路顺风，后比喻境过顺利，毫无挫折。我根据菜肴特点，大胆想象，巧妙运用，用鲈鱼做舟，又喻为帆，以“万万顺”（饺子）作为海浪，又喻为风顺，在此恭祝食用者事事如意，一帆风顺。

第六章

老店新传

重振第一饭庄

一九九三年，我爱人孙玉兰设想在我岳父家（新浦民主路东）筹建一个小餐馆，重振“第一饭庄”。这是自己家的老房子，是我爱人出生的地方，一共有八间平房、一个大家院，约二百平方米。经过周密思考，我认为用“第一饭庄”这个老字号开饭庄，一定能开得好，我们是烹调世家，有责任把“第一饭庄”的旗号举下去。我整体计划一下，改造装潢了六个包间，墙面使用高档墙纸，安装了窗式空调，地面全部铺设防滑地砖，每个餐厅挂有大灯照明，配有一套餐桌餐椅，可供十人就餐；厨房设在后堂屋，配备一台煤炉灶、后备蒸锅灶，配菜间非常宽大、合理。第一饭庄一次性可以接待五十人就餐。内部设施添置完备，又增容了家常用电，新增了自来水和扩建了下水道。大厅二间门面作为前台和收银吧台。

第一饭庄由我爱人来经营，厨房由小曹（曹宁）主厨，配菜由张文清主理，还有一些厨工打理，加上前面两位服务人员，整个饭庄管理有条不紊，井然有序。

我在饭庄门口，高高挂起“第一饭庄”布幡，从远远的地方，行人就能看到。

第一饭庄空间虽然不是很大，包间也没有过分豪华，但是，每天上客量很多，不少都是回头客。第一饭庄还迎来了一些外国友人，他们因为民主路比较窄，不好停汽车，就把汽车停在市第一招待所院内，由翻译陪同走来，他们仰慕第一饭庄久远的历史文化，来得高兴，吃得满意，乘兴而归。

饭庄的菜肴很有特色，如清蒸澳龙、红烧鲍鱼、酒香五花肉、清炒虾仁、软兜长鱼、爆炒四川回锅肉、九转大肠、虎皮扣肉等。

第一饭庄还有一个大特色，就是有我亲自配制的各种健身酒，如红花强身酒、虎骨酒、东北大蚂蚁酒、全蝎酒、枸杞黄芪酒、三鞭酒、鹿茸酒。很多食客专门为这个酒来饭庄就餐，有时一餐下来，仅酒就喝掉好几斤。还有许多客人，就餐后每人带一瓶回家，给老人品尝。

第一饭庄经营灵活，不仅供应中餐，还在对门租了三间平房当门面店，开了一家包子店，每天对外供应一袋面粉小笼包子。小笼包子有两种馅心，一种是鲜肉的，还有一种是素菜的。每天早上和下午供应，生意非常好，每天包多少，卖多少。天天都有客人买包子，排着长长的队，包子销量大，用的面粉就多，一天需要一袋面粉。

第一饭庄还开了一家黄桥烧饼店。我爱人到泰州请来一位黄桥烧饼师傅。这位师傅姓顾，为人老实、厚道，工作认真，技术精益求精，工作起来不怕吃苦、不叫累，每天生产的黄桥烧饼供不应求，只要生产出来，准销售一空。黄桥烧饼确实好吃，有肉松的、有桂花冰糖的、有芝麻糖心的，还有椒盐咸鸭蛋黄的。顾师傅做完烧饼，还帮做厨师。他的烹调技术也非常好，在三泰（泰州、泰兴、泰县）地区是位有烹调河豚执照的厨师。红烧河豚不是一般人都能做的，需要经过专业的培训，经考核及格后，发给证书，才能走上烹调岗位进行操作，因为河豚有剧毒，万一发生事故是要承担法律责任的。一般情况下，就餐者点要河豚后，由有证的厨师烹制成菜，端上饭桌，厨师当着就餐者的面，先食用，过五分钟，证明吃了没有事，就餐者再吃。

我爱人还亲自到市场选购食材。有一次，她在海鲜市场发现一渔民兜售澳洲龙虾，马上与我联系，我一听龙虾的质量和价格后，告诉她全部收下，为什么？只因我们当地的人不识货，不懂食材。这些食材到第一饭庄手里，成了高级菜肴。还有一次，我爱人碰到卖长江鮰鱼的，这里人很少认得，不认识肯定没人买，就卖不上价钱。我爱人断定是好货，立马收下。做生意，搞经营，开酒店就应该这样，市场就是竞争嘛。我对爱人孙玉兰慧眼识“珠”，确实是满意的，那个年代，西兰花在我市上市，很少有人识货，市场没有供应，我爱人知道西兰花的品质和价格，第一饭庄就经常采用西兰花入菜，质量好，成本低，很受欢迎。

我的爱人经营得法，这和她老父亲的遗传基因是分不开的。她是我的贤内助，得力的当家人。

第七章

走出国门

去美国考察

一九九三年四月，正值中国改革开放的大好时机，市政府下属市总工会，想在市文化馆位置筹建一所泰豪门大酒店，由中美两家兴办，吸引美国资金。美国在中国连云港筹建这个酒店，中国在美国洛杉矶同样筹建这个酒店，名称都是“泰豪门大酒店”。

黄俊华先生是泰国华侨，他爷爷早年就往泰国做生意，后来在泰国扎根成家，黄俊华先生就生在泰国。

黄俊华先生的爱人李穗英是香港人。黄先生和李穗英小姐是香港大学同学，在校期间，俩人勤奋好学，情投意合，很快谈婚论嫁。大学毕业后，俩人一同考取美国洛杉矶一所大学，毕业后终成眷属。

我们代表团一行三人去美国，到黄俊华先生的企业考察，团长张名莉是连云港市总工会副主席，另外一位陈先生是市总工会办公室主任，还有就是我本人。当时，我在连云港市陇海饭店工作。美国驻中国大使馆审批签证时，发现我有移民倾向，暂不能入境，需要与美国驻上海领事馆的领事见面会晤。于是，事隔一周，江苏省外事办公室通知我们，要求我们三人一同在下周二，到美国大使馆驻上海领事馆一同面试。

赴美面试的签证人非常多，大约有二百人，面试待签证的大厅里有六个窗户，外面都排着长长的队伍。我看得仔细，每个窗户都是隔音、透明的，透明的玻璃钢窗上有些微孔，能听到问话、回话。每个窗户中间是美国领事馆的工作人员，两边站着两个年轻的中国女大学生翻译。轮到我了，美国领事就问我：叫什么名字？去美国考察什么项目？我听不懂，女翻译官翻译后，我再详细地回答，随后，再由翻译翻回英文，只见美国领事点头说了“OK”。后来，美国领事又问了一些问题，都是有关中美双方的投资项目和投资情况及预期投入使用时间、经营内容和经济效益的具体情况（我的估计），我都一一作了详细回答。美国领事最后问我：“你认为中国好，还是美国好？”我一下子蒙了，不知如何回答，假如说美国好，说明我真有移民倾向，他会拒绝同意我进入美国；如果说美国不好，他会不会生气，干脆就不给签证呢？美国人看着我，时间不容多想，我非常果断地说：“中国好，我喜欢中国。”翻译把我的话翻给美国领事后，美国人又紧追着问我：“为什么？”我直言不讳地说：“你看，我们中国多好啊，高楼大厦、交通便捷、经济繁荣、城市建设，等等，样样都好。”我还说：“我的家在连云港，连云港是海滨城市，交通便捷、城市繁荣，是国家首批开放城市。我的家庭很幸福，爱人非常好。我有两个孩子，一个儿子、一个女儿，小孩非常好，而且工作单位也好。我还有一个孙子、一个孙女，我的家庭美满幸福、生活很美满。”我这一段话，由翻译传给美国领事后，美国领事连连点头，伸出大拇指，连声说：“OK。”翻译告诉我说：“我们美国领事同意你入境。”

在上海领事馆，我亲眼看到，有的未被签下来的人心情非常难过，苦苦哀求美国领事馆的工作人员，能批准他入境美国；有的人坐在地上大哭不止；还有人迟迟不肯离去。我想不通，不理解，这是为什么？不签就不签呗，美国有什么了不起的，干吗非去不可，值得哭成这个样子？真是不可理喻。

签证办好了，我们准备去美国。

我们的飞机是直飞美国洛杉矶的，飞行了十二个小时。

一下飞机，迎接我们的人已经等候在机场，手里举着“连云港的来宾，我们欢迎你！”的牌子，我们看见后，心里非常高兴。来迎接我们的人是一男一女，后来才知道，男的叫黄俊华，女的叫李穗英，是夫妻俩，也是这次与我们合作的伙伴，是美国泰豪门有限公司的老板。双方第一眼见到，好像都有一种感觉，就是觉得很亲切。他们把我们的行李一一搬到汽车的顶部，上车后问我们：“在美国期间，你们就住在我的家里，好吗？”张团长满口应允，非常高兴。

汽车一直开到黄老板家。他的家是一幢别墅，二层小楼，主房左侧是三间汽车库，可分停放三辆汽车，门是自动开关卷动的。前院是一片青草地，分布着矮矮胖胖、精美的白漆园栏，右侧和后院也是草坪，种着几棵柠檬树、橡皮树，果树上结的柠檬密匝匝、绿油油的。草坪中摆放一只人造的小梅花鹿，还有一个游泳池，池水清澈见底，池边摆放两张长木椅、一顶五颜六色的西瓜太阳伞。这里环境非常优美、舒适。

我和陈主任被安排在二楼的东侧双人房里，房内有两张单人用床、一个大壁橱，床头柜上摆放着一盏台灯，办公桌上放着现代化的办公用品，应有尽有。我们住得非常舒服、生活安排得很周到。白天，黄老板夫妇带我们去泰豪门大酒店参观。酒店的生意很好，规模也不小，前厅能放三十张餐桌，还有十几个包间。后院场地很大，是停车场，可以停放几十辆轿车。厨房不小，烹调灶台、二灶、油锅、蒸锅、面食房、冷菜房都很齐全，厨师有八九个，主厨是墨西哥的，还有的厨师是泰国、越南、菲律宾的，洗消人员是日本的。前厅的招待员多数是在校的大学生、钟点工。送外卖的大学生、钟点工，都是开自己的汽车，他们干一小时就挣一小时的钱，只要一接到电话就去上门。这些大学生、钟点工，几乎都是主动到酒店来，有活就干，没活就算。他们不仅在一个酒店干活，还同时服务几个酒店，反正每天闲不着。他们工作很积极，服务态度很好，说话和气，很有素质。厨房的厨师们都很能干，厨师长是泰国人，为人忠厚，技术精湛，吃苦能干。酒店主打菜肴是泰国菜，菜品很好，很有特色。他们这班人非常团结，虽然来自不同国家，肤色不同，在一起都互相尊重，互相关心。

在美国期间，黄老板带着我们每天品尝不同饭店的菜肴，品味各国菜肴的特点，今天去越南酒店，明天去法国酒店，后天去品尝日本料理，还有韩国的烧烤，甚至还带我们去品尝中国上海梅龙镇美食佳肴。

在美国期间，我们和泰豪门酒店的厨师们进行了烹饪技术交流，他们烹制了泰国出色的锦绣虾包、火焰菠萝鸡块、泰国榴梿木瓜香饭、白玉虾球、西米燕窝盅、泰国多味黄鱼等。这些菜品色、香、味俱佳，很有特色，给了我许多启发。

在技术交流中，我也做了几道中国特色的菜品，如油爆墨鱼花、四川回锅肉、凤尾对虾、常熟叫花鸡、纸包咕咾肉、猛虎下山（松鼠海鱼）。通过技术交流，对方都能从中汲取养分，取长补短，提高了烹饪技术，大家都很开心，收获颇丰。

黄俊华夫妻说我像他们的父亲

黄俊华夫妇生有一双儿女，女儿六岁、儿子三岁，长得帅气、健康、活泼可爱。每天，黄俊华夫妇回到家，小孩就偎到爸妈跟前，他们边看电视、边和我们谈聊。他们把我真是当成了家人，格外亲切。有一次，我问黄俊华夫妇，说："你们为什么对我这样好？"他们俩说："好吗？"我说："你们对我真好。"他们俩都笑了，就是不谈原因。我说："你们大胆说，我不会生气的。"我再三追问，李穗英才说："你像我家一个人。"她又停下来，不说了。我又追问："我像你家谁？这有什么不好说的，我像你家谁？"黄老板下了很大决心，说："你像她爸爸。"我说："真的？好呀！"李穗英接着说："不好意思，不好意思。"我说："这有什么不好意思？"李穗英告诉我说："爸爸去年已经过世。"她又说："我们那天在机场，一见到你，我们俩都惊呆了，怎么这个人和爸爸一样，身高、身材、体貌、行动、说话、走路、精神状态和爸爸一模一样？我心里在想，世界上还有一模一样的人吗？我们俩从心里高兴。我回到家，把你们安顿好后，就给在香港的我妈打去电话，把见到你的情况全部告诉了妈妈，妈妈听到之后，也特别高兴，再三交代我们，要把周先生一行安排好。周先生他们回大陆时，一定要经过香港，她要去机场接，让他在香港多待几天。”说完话，黄俊华夫妇特地看看我，我很高兴，说：“多谢了。”我再三叮嘱黄俊华夫妇：“一定要关心妈妈，照顾好妈妈。回大陆经过香港可以玩几天，这已经可以啦，不用和你妈妈见面了，这样麻烦不好，千万不要见面，好吗？”

最后，我们回国时，路经香港，得到了很好的款待。

第八章

两次创业

实至名归的东花园酒店

二〇〇〇年二月，我从陇海饭店领导岗位上退居二线，组织上给我安排的职务是“调研员”，陇海饭店专门设置了一个调研室，设施齐全，每天还安排专人打扫卫生、送茶水。

退居二线的决定一下来，商业局党委书记、局长孙启波找我谈话，内容大体如下：一是你退二线，给你安排一个调研室，协助现任领导班子的党、行政、业务工作；二是你的一切待遇不变，工资奖金什么的都有；三是如果你不到调研室，想在家或在外面创业，你的待遇也不变，不受影响。我想，既然党委领导都说得这样清楚了，我就干脆回家吧。因此，我一天也没去过调研室，连样子都没看过。

我马上把办公用品整理一下，把我的东西、材料统统拿走。

回到家后，我和爱人说明情况后，说：“我要发挥自己专业长处，找个合适场所，创建自己的酒店。”经过几天的考察，我发现市博物馆边上的市书画院有一个酒店，里面有几个包间，环境不错，旁边有一个网球场，后面还有一个荷花池，前面是一条长廊，四周花草、果树丰茂，小景水池，古色古香，很是美观，有很大的发展空间。我一下子看中了，和当事人谈好，租下，签订合约，一租六年。

经过有关领导的同意，我在网球场的部分地块，自筹资金建造了四个规范化、标准化餐厅，配备上了档次的餐桌、餐椅，每个餐厅内有空调、化妆室、鲜花，悬挂名人字画，还配了日式的榻榻米餐室。厅内餐桌为电动转台，餐椅为贝雕红木，餐厅内阳光明媚，让人心旷神怡。

经过一番整修、打扮，环境面貌一新。市博物馆后院的一个大荷花塘里，有荷花、有鱼、有虾、有老鳖……园中有亭廊，小桥流水，花池喷水，种有金镶玉竹、日本樱花、中国桂花、金银花、枇杷树、竹林，郁郁葱葱，争奇斗艳，真是优美优雅。我利用了这个优美环境，又新建了一个餐厅，建了四间厨房，整体环境幽雅漂亮，疏朗整洁。

我给酒店起名叫“东花园酒店”，名至实归。

东花园酒店菜肴主理江苏菜系、基本上是江苏各地的地方名菜，如软兜长鱼、松鼠鳜鱼、东坡肉、蟹黄狮子头、无锡酱排骨、镇江肴肉、芙蓉鸡片、清炒虾仁、姜米大闸蟹、糖醋黄河鲤鱼、沛公狗肉、翡翠豆泥、清蒸加吉鱼，等等。配的各种时令蔬菜有豆浸豆芽、生炝茼蒿、鱼香茄子、九比豆腐、三英战吕布，等等。

以上菜肴受到了来客欢迎，就餐主要对象来自市区还有来访的贵重来宾，若需要特殊菜品，得提前预约。我常提供的主要菜肴有清炖越南山龟、活吃鲤鱼、叫花鸡、红焖羊肉、猪八戒招亲、八仙过海，等等。我还提供东坡肉、松鼠鳜鱼、雪花蟹斗、蟹黄扒鱼翅、奶汤沙光鱼球，福建名肴佛跳墙，等等；提供的点心有千层酥、葱油饼、豆沙包、三鲜大包、咸蛋月饼、荷叶饼、阳春面，各式各样，应有尽有，口味鲜美，式样漂亮。

当时的东花园酒店，除了以宁静、清新的环境吸引客人，更重要的是良好的服务、菜肴品种的多样化。酒店经常去上海、南京、青岛、海南岛、广州、郑州、北京、扬州、淮安组织采买一些当地海鲜、干货品种。时令品种有大连的獐子岛海参，广州的鲨鱼翅，海南岛的越南山龟，上海的各式调味料，苏州的短脚黄青菜，南京的香干，扬州的豆腐干，淮安的黄鳝和蒲菜，连云港市特有的山珍海味，无锡的湖鲜白虾、湖蟹、鳜鱼及镇江的鲥鱼、鮰鱼、河豚，等等。

东花园酒店有一个很大的天然鲜活玻璃鱼缸，分为咸水和淡水两块。咸水养着鲜活的海鲜品种，如海鲈鱼、石斑鱼、美国红鱼、海螺、海蛏、海参、对虾、梭子蟹等。淡水里养着鲜活的河鲜，如野生鳜鱼、鲫鱼、黑鱼、黄鳝、鲤鱼、花鲢、青鱼、河虾、河鳗、大闸蟹，等等。

东花园酒店的红案、白案厨师都是我的徒弟，他们烹调技术精湛，工作认真肯干，在技术上精益求精，一丝不苟，在每一道菜制作上都要求严格，容不得半点马虎，不论在口味、造型、色配、火候、刀功处理上，都是认真、细致，确保每一道菜百分之百地成功，让就餐对象满意。现在，他们有的在日本、德国、加拿大、新加坡开店、安家、做大厨，有的在国内成了大老板，有的自己开设大酒店，也有的在各大宾馆做餐饮部领导，有的当行政总厨，还有的当厨师长。一句话，都很有出息。

抉择御花园大酒店

二〇〇四年初，东花园酒店遇到政府对市博物馆的地块征收，我服从拆迁，暂停营业。

当年五月份，我接手了市国土局下属的天源鑫大酒店。

由于连云港市人民政府办公楼搬迁（原在解放路），新大楼在建，暂时在朝阳路上市国土局新大楼办公。

天源鑫大酒店就在市政府的楼下，政府的一些政要会议用餐和规格接待，一般都安排在天源鑫大酒店。

接手后，我总感觉“天源鑫”三个字有些不妥，不适合我的经营，它与国土的关系更大些。考虑到东花园酒店刚拆迁，如果还恢复东花园的名字不太贴切，位置不在东面，于是又想到自己是个厨师，经常接待国内的高级官员、政要人员、外国友人，现在又在市政府的办公大楼楼下，这个酒店的号牌就该定为“连云港市御花园大酒店。”

经过工商登记，办理了税务登记、餐饮卫生许可证和市公共卫生安全许可证，一切办理的手续完全符合国家要求，“连云港市御花园大酒店”光荣诞生，开始挂牌经营。

开业后，经营的菜肴都延续了东花园酒店的特色，所烹制的菜品口味好，质量高。御花园包间多，还有喜宴大厅，御花园酒店一次性可接待四百人同时就餐。来酒店预订的各式宴会很多，如小孩生日宴、升学宴、谢师宴、喜宴、寿宴等。御花园的特色菜肴有铁板响音馄饨参、生吃海鲈鱼、生炒蝴蝶片、砂锅炖驴肉、红焖羊肉、冰糖蹄膀、油浸豆芽、锅爆黄芽菜心、美味豆泥、东坡肉，等等。

御花园的面食很有特色，特别是阳春面，逢桌必点，有很多顾客就是专门来御花园品尝阳春面的。御花园还有一道面食就是水饺，有荤有素。荤料水饺有三鲜馅、鲜肉馅，还有牛肉馅、虾仁馅、鱼肉馅的。素料馅的水饺有鸡蛋韭菜、冬菇虾仁、黄芽菜虾米馅，也有特殊的嫩番瓜虾米馅的，品种多样，口味鲜美。

御花园酒店内设客房部、美容美发部、餐饮部、棋牌室。

客房设施先进，配有中央空调，室内清洁卫生，洗浴房数得上一流，客房内直接电话订餐，服务方便。酒店配有中、小会议室，能完成一般中、小会议接待任务。酒店员工约五十人，大家都把企业当成自己家，在服务接待中热情周到，把客人当亲人。

餐厅开设承办各类喜庆筵席，如小孩的满月宴、十岁生日宴、二十岁生日宴、金榜题名宴和老人金婚宴、寿宴等；为老人订制寿星蛋糕和麻姑献寿蛋糕，为战友、同学、亲友、团体安排喜庆筵席，接待内容巧妙有档次，满足举办方要求，做到质量好、口味美、收费合理、公道。

二○○七年五月下旬的一天中午，在酒店门前，我正专心修剪大盆铁树黄叶，不小心踩错酒店门前的一个台阶，跌了一个屁坐，疼痛难忍，无法站立，更不能走动。到市人民医院诊断后才知道，十二腰椎骨折。医生要求马上卧床，否则继续下压，再有腰椎骨折，就会更麻烦了，弄不好就得瘫痪。我一听，只能遵照医生的要求卧床，可心里放不下正在营业的御花园，怎么办？这时，医生讲，这种病一是卧床休养，时间必须卧床三个月，三个月后到底怎样，还不好说；第二个办法就得动手术，手术风险很大，连云港这里还不能做腰椎压缩性骨折，需要请外面大医院专家来做。

我躺在家里的硬板床上，心里乱乱的，满头脑都是御花园问题，考虑营业必须做好，不能乱。我把御花园酒店事情安排好，又考虑到手术，担心不已。最后，我决定手术，总不能天天卧床吧，天气逐渐转热，已经是六月初了，一个夏天睡在那里，好人也会睡出毛病的。经过商量，我们请外面专家来连云港做手术。说来也巧，这个时候，我在上海的外孙正遇高考，女儿、女婿还要为小孩高考操心，我做手术的事还不能让外孙知道，怕会影响高考。另外，孙女在连云港也在迎接着中考，我对身边人说：千万千万不能让两个孙辈知道。

上海专家来了，在连云港东方医院为我做了这特殊的微创手术，整个手术做了一个多小时，非常成功。不过，我受了不少罪，这种腰椎压缩性骨折的手术，是从美国引进的一种先进手术，不能麻醉，神经一旦麻木，失去知觉后，会造成人体神经损失，严重者会给患者造成终生瘫痪。我没有打麻醉，痛死了，一个多小时，出了一身的汗，手术台上的小被子和床单都被湿透了。我虽然钻心地疼痛，但还是积极地配合专家，赢得了这场手术。

我很快恢复了健康，但身体不允许我再经营了，只好在家休息，等待时机，再做一些力所能及的事情。

我常常感叹，太可惜了，身体不架势，否则我还是能为社会服务，再创佳绩的。

第九章

师父、师兄弟、同学

胡老，我的楷模

中国烹饪大师，京苏菜的鼻祖，中国烹饪协会副会长、特邀顾问胡长龄老先生是我烹饪道路上一生的楷模。

胡老十四岁学厨，从艺近八十年，在长期的烹饪实践中，积累了丰富的经验，形成了“淡而不薄，浓而不腻，辣而不烈，脆而不老，滑嫩爽脆不失其味，酥烂脱骨不失其形”的烹饪风格。他创制的香炸云雾、清炖鸡孚等名菜被列入《中国名菜谱·江苏风味》，他精心研制的蹄子系列菜，选料广泛，口味多样，营养丰富，造型美观。从二十世纪七十年代开始，胡老率先把主要精力投入到烹饪理论研究和培养烹饪人才上。先后主编了《南京菜谱》《中国烹饪研究》《南京教学菜谱》《金陵美肴经》等书，并在《中国烹饪》《美食》《美食科技》《烹调知识》等专业刊物上发表数十篇论文。在烹饪教学中，他创造了“二、五、七”教学方法（即每两周为一轮，两天休息，五天教学，七天实践，时间短、见效快，培养了大批烹饪技术骨干和烹饪教学人员）。

胡长龄老先生曾担任过中国烹饪协会、江苏省烹饪协会副会长，为中国烹饪的发展做出过很大的贡献，他不仅技艺高超，其厨德更为人称赞。

他为人谦恭，居功不傲，特别是在退休以后，不顾年事已高，仍在为烹饪事业辛勤耕耘，这一点尤使我感动，胡老是我一生的楷模，也是我们厨界的楷模和骄傲。

胡老的拿手菜之一——叉烤金陵肥鸭

叉烤金陵肥鸭属于传统烹制法，工具、燃料、火候都十分讲究。烤肥鸭需要烤叉，其形状是两个长约三尺铁制的叉头，后粗前尖，叉距约八寸左右，比鸭身略宽，叉把有三尺左右的木柄，便于操作。烤制肥鸭时须用烤池，烤池长为一尺七寸，宽一尺两寸，前高一尺，后高九寸。用松枝、松果为燃料，鸭烤好后产生一种清香气味，火候前弱后强，以便将鸭烤得皮脆、内熟、骨酥，充分体现烤鸭的风味。

叉烤金陵烤鸭的制法：

一、选用四斤重的肥鸭一只，经宰杀、煺毛洗净后，去翅爪。在右翅肘下开一个两寸长的小口，抽出内脏、气管，并疏通肛门，放清水内漂尽血水，洗净沥干。取干净湿布一块，铺在案板上，将鸭尾朝前，胸脯朝上，放在布上，用手揿断鸭胸骨，再将鸭右翅向上拉住，绷开刀口，用葱叶、花椒、青菜叶拌和，从右肋下刀口处，填入肚内，用大拇指向前推紧，用拳手在鸭脯上捶匀，将肛门向后拉一下，使肚膛饱满。

二、取烤叉一把，从鸭两腿下裆叉入，穿过胸骨肩骨至颈皮，离宰口处一寸戳通，将鸭头由左向右往刀口方向弯转，从鸭腿下面叉往鸭头，卡住叉尖。鸭叉好后，随即手执叉，将鸭头向下挂入沸水锅内，用勺舀起沸水在鸭身四周均匀浇烫，待鸭皮收紧，显露毛孔时离锅（不可将鸭的皮下脂烫至外溢，否则影响质量），趁热用酒酿卤或饴糖拌匀鸭的全身，置通风处晾干。

三、用木炭十斤，燃成弱火，倒入烤池内，将鸭放在烤池上，先烤两肋，后烤脊背，再烤脯肉，视烤鸭烤熟时将火拨旺，用鹅毛小刷，沾麻油刷于鸭身，在火上转动烤叉，使鸭身均匀受热，待鸭皮吱吱作响，毛孔微冒油花，皮呈金红色时，鸭即烤好，离火退叉，趁热用薄刀将鸭皮片成两寸长的片装盘。再片鸭脯、腿肉，装盘，嵌上头、尾而成全鸭。

四、叉烤肥鸭在吃法上也独树一帜，传统的吃法为四吃：鸭皮配以花鼓葱、甜酱、荷叶饼，夹在中间同食，其味香脆、酥润，余香回味无穷，甚为隽永，此其一；鸭肉切成片，配上刚上市的芹菜头炒、鸭肉鲜美细嫩、芹菜头香脆异常，此其二；鸭头用南京著名特产矮脚黄的菜头煨汤，汤汁醇浓，菜头酥烂，入口即化，此其三；鸭油溶于蛋内，香气扑鼻，此其四。

胡老的拿手菜之二——炖生敲

炖生敲是胡老的拿手好菜，也是金陵传统风味名肴之一，具有三百年的历史。传统制法是将鳝鱼活杀去骨后，用木棍敲击鳝肉，使肉质松散，故名。鳝鱼先炸而后烹，是南京厨者的传统做法。在制作炖生敲时，只有将水分基本炸干，然后再加汤水炖制，成品才能酥而含卤不碎、浓而醇厚不腻，鲜美异常。

鳝鱼经过刀工处理后，再经过高温的烈油炸至“芝麻花”，呈银灰色，既香酥又鲜美。鳝鱼在食疗中有性温而滋补、增气力、强筋骨之功效，俗有“小暑鳝鱼赛人参”之美誉。

炖生敲的制法：

一、选活肥黄鳝三斤，先将鳝鱼宰杀，剖腹去内脏，皮朝下，放在案板上，用刀沿着脊骨从颈部至尾部，使一边骨肉分离，然后斩断颈骨，抓住鱼头，平片去骨，斩掉鱼头，用木棍敲击鳝肉，再切成两寸长的棋子块，用清水洗净，用洁布吸去水，再把二两五钱猪坐臀肉切成鸡冠片。

二、炒锅置旺火上烧热，舀入花生油，烧至八成热时放入鳝块，炸至漂浮油面，鳝块呈“芝麻花”时，用漏勺捞出。

三、将鳝块、肉片、葱白、姜片拍松放入砂锅内，舀入肉鲜汤，先白煮至松软，再用熟猪油八钱，在砂锅内烧热，放入蒜瓣煸香，连油一同倒入砂锅内，加酱油、绍酒、白糖，盖上砂锅盖，移小火烧至鳝鱼酥烂，再置旺火上烧至卤汁稠浓，拣去葱、姜不要，淋熟油两钱，即成。

特点：生敲呈酱黄色，富有弹性和光泽，内含重卤，蒜香浓郁，食之酥烂入味，鲜美异常。

扬州“三把刀”师兄弟

扬州三把刀、淮扬菜非物质文化遗产的传承人——元老级注册中国烹饪大师薛泉生，一九四六年一月十八日生于扬州一个清贫家庭，磨难成为他一生奋起的动力。一九五九至一九六二年就读于扬州市烹饪学校，扬州烹饪界一代耆宿丁万谷、张广庆、王荫昌、戴立芝、王春林、汪有财等先生当时均在该校执教。薛泉生以自己的灵气、悟性、勤奋、矢志不移的韧性承接着先生们的甘霖，消化吸收，融会贯通，在实践中体味着前贤的真谛，在烹饪炉、案、碟、点四个工序中都打下扎实的基础，掌握了系统的烹饪知识。淮扬烹饪一代宗师丁万谷先生对薛泉生青睐有加，收为弟子，着力于用扬州传统文化和烹饪传统技艺熏陶他。对于他的工艺过程严加督导，菜式鱼龙变化，点拨条理分明。学艺之余，丁万谷引导他去了解扬州烹饪的姐妹文化，诸如扬州园林、扬州漆器玉石、扬州剪纸与绒花、扬州盆景、扬州八怪书画艺术……从中吸取有益的精华，提高他的文化与涵养。他还向他传授了扬州盐商饮食文化的青兰和扬州官商迎接帝王巡的满汉全席的要旨，此皆为淮扬烹饪文化与技艺的精髓。薛泉生大师生性聪颖且坚韧勤奋，逐步形成了自己的艺术品位和文化审美视角。

薛泉生于一九六二年毕业后在扬州富春茶社、菜根香饭店等单位从事烹饪技术工作。富春、菜根香为淮扬厨师的摇篮，在名师辈出、相互切磋蔚然成风的氛围里，薛泉生加强自我修炼，广泛涉猎新菜品和特殊技艺，不耻请教，细心揣摩，反复实践，举一反三，务求实效，超越前人，将菜品的风味、文化、工艺设计融为一体，形成了自己的艺术风格。一九八二年，薛泉生在江苏省首次烹饪技术等级考评中出类拔萃，崭露头角，《光明日报》在头版发表著名评论文章，称“薛泉生为江苏烹饪界的佼佼者”，同年被破格晋升为江苏省最年轻的特二级烹调师。

一九八〇年，薛泉生到江苏省扬州商技校担任烹饪专业的骨干教师，一九八八年担任副校长，一九九八年兼任全国党校系统扬州培训中心副主任，负责烹饪教学工作。他将“删繁就简三秋树、标新立异二月花”作为座右铭，将创新意识贯穿始终。他首先确立兼容的理念，教学菜点以淮扬风味为依托，吸收京、川、粤菜的长处和西菜、名菜的优点，加以移植培育，兼收并蓄，互为补充，不断丰富淮扬菜。其次，重视烹饪流程教学，在千变万化的烹饪工艺中寻找规律，以规律来统领菜品的选料、加工、烹饪、调味、成菜美化等过程。调味以复合型为主，常变常新。改变调味的诚然性，确立科学性、稳定性。再次，以现代营养学与艺术审美观点对传统菜品进行反思，去冗存精，去伪存真，崇尚自然，返璞归真。追求内容与形式的统一，具有鲜明的烹饪艺术的特点。在从事烹饪教学中培养了一大批年轻骨干力量。他设计的菜品艺术效果鲜亮、雅致，口感突出主料质地与品味，口味追求存平和中，跌宕起伏，富有深透性。一九八八年五月，薛泉生大师在第二届全国烹饪技术比赛中获得九项殊荣（两金、两银、三铜、一个三项全能奖、一个特技表演奖），晋升为特一级烹调师，被评为烹饪高级实习指导教师。

一九九二年以来，薛泉生将宴会设计、新式菜点的推广、中外烹饪技术的交流作为研究的主要内容，担任许多星级酒店技术总监，蜚声大江南北，并多次赴日、新、泰、马等国表演淮扬宴会，声誉日隆。他设计和精心策划的琼花宴、三头宴、乾隆宴、古筝宴、秋瑞宴、红楼宴、中华第一满汉全席，不落窠臼，另辟蹊径，将文学艺术、民间工艺与烹饪技艺融为一体，突出观赏与品位，趣韵生动，匠心独运。观者、饮者好评如潮，纷纷为博大精深的中华饮食文化所折服。

薛泉生大师被聘为扬州大学旅游烹饪学院、四川烹饪学院、黑龙江商学院兼职教授。

二○○○年，薛泉生被国内贸易局、中国烹饪协会授予中国烹饪大师称号；二○○二年被世界中国烹饪联合会聘任为中国烹饪国际评委，多次在国际级烹饪赛事中担任评判；二○○○年被评为“扬州三把刀、淮扬菜非物质文化遗产的传承人”；二○一五年被中国烹饪协会评为元老级注册中国烹饪大师。

二十世纪八十年代初期，我就和薛泉生大师经常在一起就烹调技术方面的问题在一起交流，一起参加江苏省饮食服务公司在扬州召开的一些会议。一九八二年，江苏省举办首届省高级厨师考核大赛，内容是考两个方面：一是应知考核，就是考理论知识，也就是烹饪的原料、食材、产地、性能、特点……干货是如何泡发的？如何发制的？它的涨发率是多少？干货产地是哪里的？它的制作方法是怎样的？能制成什么样的菜肴？对一些鲜活的原料如虾子、螃蟹、黄鳝、青鱼、鲢鱼、它的出肉产能达到百分之多少？像海干货，如鲍鱼、鲨鱼翅、鲨鱼皮、大带籽、大金勾、辽宁刺参、梅花参、大广肚、小广肚、鱼唇鱼骨等，它们的涨发率能达到百分之多少？怎么发制的？又能烹制出多少拿手菜肴？植物干货玉兰片、冬笋干、黄花菜、猴头菇、大花菇、香蕈、冬虫夏草、灵芝红花及一些常见的各种花干的涨发方法、出率及烹制方法，如何做菜？能做成什么菜？还有很多关于烹饪食材方面的东西，这些都属于应知考核范畴，还有一些特殊各大菜系里的名菜可能也会出现在题目里，你如果知识面缺乏，答不上来，就得扣分。除了上述内容，应知考核还有核算成本、制订菜单、设计菜谱。制订菜单方面包括规定人数、筵席标准、成本毛利、销售价格以及各种食材的名称、色泽、分量、口味、成本、销售价。

光理论就有这么多内容，另一方面就是实践，也就是做菜。做菜有两个方面：一是要按规定做的品种菜肴，叫自选菜；二是按照组委会的指定必做的菜肴，叫规定菜。我记得当时薛泉生大师做了两道自选菜：第一道是翠珠鱼花，第二道是葫芦虾蟹。他做的翠珠鱼花造型美观、刀工精细、色泽红亮、味道酸甜、芡汁匀称、装盘生动、诱人食欲。他选用一条约二斤半鲜活的青鱼，清洗干净后经刀工处理后，头尾用葱、姜汁浸渍十分钟后抹上蛋清，拍上干淀粉待用。鱼肉两扇剔去腰刺，刻上十字花刀。(画圈鱼花)分为大、中、小圈鱼花。待油锅中油温升至一百八十度时，将鱼花蘸鸡蛋后连接投入油锅，小块鱼花、鱼头尾也入油锅炸至色金黄，外酥脆、内松嫩时即可装盘，下放大圆鱼花，上放小圆鱼花，小圈鱼花放在顶部，鱼头、尾、腰盘两头形成头昂尾翘。然后炒锅上火，烧热入油，加入葱段、姜片、蒜瓣炸出香味后捞出，加料酒、番茄酱、绵白糖、清水烧开后，用湿淀粉勾芡，加白醋、芝麻油，浇在鱼花及鱼头尾上。然后将莴苣球放在鱼花两侧，鸡蛋松、红椒末放在鱼花上作花蕊，一个莴苣球放在鱼嘴上，鱼翅针插入鱼颌下作须，将冬菇塞入樱桃内露出一点黑色，放在鱼眼部即成。

薛大师的第二道自选菜是葫芦虾蟹。这道菜是一道干炸椒盐菜肴，主要食材是虾仁、蟹粉、猪网油、凤尾虾，首先将蟹粉加入葱姜末煸炒，加鸡清汤、绍酒、精盐烧沸，用湿淀粉勾芡后加入胡椒粉拌匀（留些部分蟹黄另用），待冷却后拌入虾仁成虾蟹馅。

第二步就是用鸡蛋液加葱椒盐、干淀粉调成浆，拌在网油上（每张两厘米见方），放上虾蟹馅和凤尾虾，包成圆锥形。用两只鸡蛋液、干淀粉调成浆，拌在包裹好的网油外面，蘸滚上面包屑，扎上粉丝成葫芦虾蟹生坯。

第三步就是在花生油烧至一百六十度左右时，投入葫芦虾蟹炸透呈金黄色，捞出装入大圆盘中，淋上芝麻油，撒上花椒盐即成。

薛大师制作这道菜肴的技术关键有以下三点：

一、蟹粉要煸炒生香。

二、包葫芦虾蟹生坯时，馅心不宜过多。

三、炸制成品时，起初定型，养熟，复炸上色，起脆。

此菜特点是造型逼真，外香里嫩，虾蟹鲜美，色泽金黄。

组委会指定的菜肴是一个什锦花盘，食材荤素十种，原料由组委会统一发给每位选手，要求在四十分钟内独立完成，达到“造型美观、刀工整齐、色泽搭配、荤素合理，清洁卫生、装盘生动”。薛泉生大师的什锦花盘做得与众不同，刀功非常娴熟，色彩布局合理，装盘生动活泼。评委们人人赞美。

另外，每位选手还得做两道规定热菜，一道是鸡粥鱼肚，另一道是爆炒鱿鱼卷。鱼肚是干货，必须和鱿鱼干提前一天发制，鱿鱼干先用冷水泡发，切花后还得用碱水发制。干鱼肚入油锅发制后用水泡制。

鸡粥鱼肚，首先鱼肚经过油发，舒张透起，金黄美色，鸡粥色白如玉，味道鲜醇、入口滑润，鱼肚和鸡粥有机结合，效果非常完美。再说爆炒鱿鱼卷，刀功划麦穗花刀后经开水烫制形成“麦穗”，刀功深浅划一，配以各种调配料，最后烹制出锅，不论从刀功、色彩还是装盘效果上，都体现出薛大师在烹调技艺方面的高超水平。

薛大师考核的时候，被上海市的烹饪技术观摩团看了整个过程，得到了上海市同行们的一致好评和掌声。

薛泉生经过这次全省首届烹饪特级师的考核，以优异的成绩被破格晋升为江苏省国家特二级烹调师。

在全省破格晋升的只有薛泉生大师一人。他当之无愧，这面旗帜在江苏烹坛值得骄傲，值得学习。

薛大师的拿手好菜有蟹粉狮子头、御果园、宫廷牛尾、拆烩鲢鱼头、扒烧整猪头、清蒸鲥鱼、八宝口袋豆腐、三套鸭。花色冷盘有扬州文昌阁、虹桥拼盘、双鱼戏水。汤菜为清汤鱼圆，此汤菜的特点是鱼圆洁白、质感细嫩，汤清澈见底，鲜味醇香、爽口。

挑水工出身的王荫曾

王荫曾出生于一九四五年，盐城人，是中国烹饪大师、特一级烹调师、高级烹调技师。现任江苏省悦达国际大酒店高级顾问，江苏省烹饪协会顾问，盐城市烹饪协会顾问，盐城市烹饪协会副会长，江苏省食品学习兼职高级讲师，扬州大学旅游烹饪学院兼职教授，中华人民共和国外交部厨师考核专家委员会委员。

他曾担任江苏省烹饪协会一、二、三届常务理事，盐城市烹饪协会、江苏悦达海悦大酒店副总经理。一九八二年经过考核，成为盐城地区首位“一级厨师”。一九八三年至一九八四年借调到金陵饭店，特聘为宴会主厨。一九八七年被中央统战部特聘为烹饪老师，并举办了两期培训班，得到了各界名人的赞扬。一九八八年九月由外交部派出，赴中国驻英国大使馆工作四年半。一九九三年五月、二○○一年六月先后两次赴中国驻美国大使馆工作八年，担任厨师长、工勤党支部组织委员、大使官邸厨房料理。从厨四十九年始终工作在第一线，创办了盐城第一期厨师培训班，培养了上千名的厨师，并造就了一大批骨干厨师和军地两用人才。

在驻美使馆期间，他积极传播中国烹饪文化，展示中国烹饪技术，并与华盛顿文化大酒店在春节期间联合举办了中西合璧组合筵席对外供应，引起轰动，取得了良好效果。

二〇〇九年，王荫曾荣获中国烹饪协会个人“金厨奖”。

王荫曾大师在工作中善于挖掘总结，一九八二至二〇〇九年先后在《中国烹饪》《世界餐饮》等专业杂志上发表论文十余篇。一九九九年曾在《中国烹饪》上专题开办“王荫曾厨房”系列，一九八二年参加过《中国名菜·江苏部分》的编写。一九八五年制作的百花夺魁冷盘，已被扬州烹饪学院载入中国烹饪学教学书中。一九九八年出版个人专著《烹坛奇葩——中国驻美大使馆菜点集锦》，收录三百九十八种菜肴。二〇〇六年又出版了个人专著《国宴菜——中国驻外大使馆分餐菜点集锦》，收录四百二十九种菜点，采用了中西菜点结合，即“中餐西吃，西菜中制，中西合璧”分食制，完全改变了原有的共饮共食的集餐形式，打破了传统圆桌的就餐格局，可长条桌、回形桌，也可以特大圆形桌。台形的随意变化，对菜肴的设计提出了更高的要求，“分餐制”主菜肴的造型方面体现出微型化，需要把在大盘中展示菜肴的精湛技术转化到各客小盘中，使宴会活动更加绚丽多彩。

王荫曾大师为人忠厚，勤奋好学，吃苦耐劳。年幼时，他家境贫寒，失去了读书的良好时机，一九六〇年，他被安排在盐城一家大酒店做杂活、干杂工。那时候，饭店里的厨房用水，得有专人到自来水供水点去挑或抬，年幼的王大师身体很棒，厨房的各工种用水都由王大师负责。厨房里放一个大水缸，当水缸里不缺水时，王大师趁这个时候就可以歇一下，歇息的时候，他就到水案边去看人家师傅切菜配菜的做法，他不光看，有时候还亲自动手帮助师傅切，帮师傅划长鱼、挤虾仁、剔蟹黄、杀鸡、宰鸭、剖鱼等一系列动植物食材的初加工。王大师还经常主动到煤炉边去看大师傅是怎么炒菜的，是如何翻炒锅的，颠锅的技巧……他经常利用挑水的空隙，取来炒锅，里面放些煤渣，来回颠翻，先是煤渣，后是黄沙，一来二去，时间长了，他对厨房工作越来越热爱了。厨房里的师傅见王大师这样好学，加之厨房很快也通了自来水，王荫曾便开始在厨房里工作起来，厨房里的每一个工种他都能干，并且越干越有劲、越干越好。他为人爱动脑筋，在烹调技术、刀功方面非常精细，刀起刀落，干净利落，精准得很，花色品种的搭配非常合理。特别是在掌握炉火方面，对每一个菜肴所需的炉火温度都能掌握得恰到好处。

王荫曾大师在冷碟制作方面也非常有钻研，冷菜的食材由生到熟加以卤制的全过程，他很快地全部掌握在手。另外，在点心制作方面，王荫曾也有过大量钻研，盐城有名的灌汤包子、藕粉丸子、春卷、黄桥烧饼等白案点心，他都是一把好手。

厨房里每个工种都难不倒他，就连初加工、干货发制他都做得非常漂亮。还有发豆芽、做豆腐、做豆腐脑、炸油条、做元宵、做水饺，他样样都会，在我国驻英、美大使馆时，他经常做些中国地方风味的菜肴，深受使馆人员的喜爱。他所烹制的菜肴代表着典型的淮扬风味，受到了大使及使馆人员的赞扬，也为我们江苏厨师在祖国的外事接待工作中立下了不朽的功绩。

王荫曾是我一位师弟，是我的榜样，是我永远学习的楷模。

苏州松鹤楼的华永根

华永根是我的一位好师弟。他生于一九四六年，苏州人，是高级经济师，中国烹饪协会常务理事，江苏省烹饪协会副会长，苏州市烹饪协会会长，苏州大学旅游管理系客座教授。一九七一年在苏州松鹤楼菜馆学艺，后任菜馆经理。由于工作出色，一九八一年任苏州饮食服务公司任总经理，兼苏州市商业技工学校校长。一九九二年任苏州贸易局副局长，主管全市流通、饮食服务工作，从事餐饮工作近四十年。

华永根同志一贯在挖掘传统的基础上创新发展苏帮菜点，吸引收进外帮菜系精华，提高本帮菜点水准。他对培养烹饪技术人才倾注了大量精力，注重发挥老一辈烹饪技师力量，形成了老、中、青烹饪技术队伍的梯队结构。在他的带领下，苏州厨师在国内外的烹饪大赛中取得了多项优异成绩，他本人也被中国烹饪协会授予人才培养“金厨奖”荣誉称号，曾主编出版了《中国苏州菜》《食在苏州》《苏州家常菜点》等书籍。

二〇〇六年十月，他在首届“中国菜非物质文化遗产保护与发展高层研讨会”上作了以“苏州船菜船宴的形成与发展”为题的演讲，受到了文化部和中国非物质文化遗产保护中心等专家和与会代表的广泛关注和高度赞扬。

他还组织策划了一系列大型美食节活动，展示了餐饮品牌形象，活跃了城市餐饮活动，是本地区及省内外均有较大影响的代表人物。

他的一言一行、一举一动都值得我学习。

苏州松鹤楼的刘学家

刘学家，生于一九二七年，江苏盐城人，是中国烹饪大师，高级烹调技师，江苏省烹饪协会顾问，原苏州松鹤楼菜馆总厨师长，苏州市烹饪协会名誉理事。曾获全国优秀厨师、江苏烹饪名誉大师等荣誉称号。

刘学家老师十二岁开始学艺，积累了丰富的烹饪经验和理论知识，擅长传统苏帮菜肴的制作，善于“古为今用，洋为中用”，在菜肴的色、香、味、形等方面都有独到之处。他精心制作的传统苏式菜肴松鼠鳜鱼，在一九八三年“全国烹饪名师技术表演鉴定会”上广获好评，并名扬全国。创新的虹桥赠珠、桃园三结义、早红橘络鸡、雪花蟹斗等新式苏帮菜均得到专家、同行的肯定，并受到新老顾客的欢迎。

他除了以传、帮、带的形式指导年青一代厨师，还担任苏州市技术培训班老师，被江苏省商业专科学校烹饪工艺系聘为兼职副教授。他多次担任苏州市举办的大型烹饪技术比赛的专家评委，一九九一年担任商业部优质产品饮食专业评审委员。一九九一年在全国青年厨师大赛担任评委。此外，他撰写的《苏帮菜的起源、发展及其风味特点、特色》一文，在苏州市烹饪理论研讨会上获“优秀论文奖”。

我对刘老师的印象特别深刻，早在一九六〇年我在苏州市烹饪学校学习时，就得到了刘师傅的教诲。他烹调技艺高超，不论墩子上的功夫，还是炉子上的水平，绝对不是一般水平。他的刀功非常精细，动作潇洒，我们在旁观看他的切配手法简直就是一种享受，下刀准而干净利落。炉子上的技术表现特漂亮，下调料精准，特别是炒锅的翻锅技术，不论是大翻锅还是小翻锅，手法非常娴熟，菜肴成熟掌握的程度分毫不差，菜肴出锅，盛装在盛器中好似一幅美丽奇异的图画，色、香、味、形绝佳，让你舍不得下筷。

二十世纪九十年代，连云港市举办多次中高级烹调师烹培班，专程邀请刘学家师傅来培训班传授烹调技术，他每次到连云港来都给我留下非常好的印象。从年龄上讲，他已是近八十的人了，身体还很强硬，手脚灵活，精神很好，在给同学们讲授时，语言表达、思路非常清晰，他亲自做菜，不要助手，干起活来干净利落，风采不减当年。我很敬佩刘师傅的品德、思想、技艺。

他在培训班传授了两道菜：黄焖鳗鱼和赛犴鼻。这两道菜是苏州传统名菜，特别是黄焖鳗鱼，这道菜选料讲究，刘师傅选用活河鳗鱼二条，约重二斤，配料有猪板油丁三十克、熟笋片一百克、水发木耳六十克、青豆粒十克，调料有料酒一百克、精盐十五克、酱油五十克、白糖五十克、冰糖十克、葱结姜末二十克、姜块五十克、蒜瓣十克、红曲水五克、猪肉汤一斤、湿淀粉二十克、熟猪油一百五十克、花生油二百克、香油二十克。

刘师傅先把河鳗齐鱼头横切一刀（不能断），出净血，去鳃，放入盆中，用七十度的热水泡至鳗鱼身起白粘（上下翻身），然后用稻草壳捋去鳗鱼身上的白粘，但不能损坏鱼皮。剪去鳍后，在胸鳍和肛门处各横切一刀，割断内脏，再在胸七厘米的腹部横切一刀（划破腹肉，不破肉），然后用两根竹筷从腹部刀口处插入鳗鱼腹中，绞出内脏，切下鳗鱼头尾，再将鳗身切成七厘米的段，放入清水中，逐段用筷子插入，洗净血污，沥去水。大锅内放竹垫一个，先将鳗鱼头尾置立锅边一周，然后把鳗段亦竖立围放在锅中。另用炒锅置旺火上烧热，舀入花生油，烧至五成热时，放入葱结、姜块（拍松），至葱黄发香时，离火稍凉，捞出葱姜，放在鳗段上，把油从锅边倒入鳗鱼锅中，加料酒，盖上锅盖，用旺火烧沸，再加红曲水、酱油、盐、冰糖屑、猪板油丁、蒜瓣，烧至鳗段上色后，改用中火焖约一小时，再加冰糖屑、熟猪油，用小火继续焖约一小时至鳗段酥烂，拣去葱、姜，改用旺火收稠汤汁，熄火。取碗一只，放入猪板油丁、蒜瓣，再用尖头筷将鳗段（头尾不用）戳起，等量地放入碗中待用。

炒锅置旺火上烧热，放入熟猪油、葱末炸香，放入笋片、木耳、青豌豆，加入酱油、白糖、猪肉汤烧沸。取出鳗段，倒入锅的一边，再烧沸，盖上锅盖移小火焖至卤汁稠浓再移旺火，用湿淀粉勾芡（边淋边晃动炒锅），再淋入熟猪油和香油，晃动炒锅，起锅盛入盘中（鳗鱼整齐排入，笋片、木耳、豌豆放在上面）即成。

此菜特点：色泽棕黄油亮，鳗鱼皮肥，肉白嫩细腻，酥烂入味，卤汁浓厚似胶，入口先甜后咸。

烹饪界的老三

吴老三，正是江阴市华西村著名烹饪大师吴协平。

吴协平，出生于一九六一年，江苏省江阴市华西村人，中国烹饪协会常务理事，中国烹饪大师，高级烹调技师，中国烹饪协会名厨专业委员会委员，餐饮业国家级评委和国家级竞赛裁判员，江苏省烹饪协会餐饮企业家联谊会会长。现任中国百强旅行社华西旅行社总经理，华西金塔宾馆总经理。一九九七年参加工作，师从于江苏一代烹饪宗师朱春满。二○○一年，其所管华西金塔宾馆被中国烹饪协会授予“中华餐饮名店”光荣称号；二○○二年被山东省东方美食学院聘为客座教授；同年组队参加在马来西亚举办的第四届中国烹饪世界大赛，其四个徒弟在大赛中一举夺得五块金牌；二○○三年，组织举办了中国民间，民族菜肴华西美食节；二○○四年，组织华西代表队参加第五届全国烹饪大赛，荣获团体金牌；二○○六年先后组织八十多名厨师参加了全国两期营养师配餐培训班，开创了农村厨师讲究营养配餐的先河；多次组织和指挥闻名于世的天下第一村宴——万人宴。华西金塔宾馆的三十四种菜肴、点心、小吃荣获江苏省烹饪协会和中国烹饪协会认定的江苏和中华名菜、名点、名小吃。

吴协平为人正直，特别谦虚好学，对江苏老一辈的烹饪大师特别尊重。在参加华西举办的一次全省烹饪大赛中，华西村给我留下的印象非常深刻，说是农村，其实是天下第一村，整个华西村非常干净，城市规划整齐美观，家家户户、楼上楼下，非常明亮，庭院鲜花小草，没有一点农村气息，比一般城市都好。

在比赛中，华西金塔宾馆的厨师参赛的菜点端上桌时色、香、味、形俱佳，刀功精细，食材一流，在火功、调味上特别讲究。比如有一道菜肴白汁羊方，服务人员一端上桌就给我留下一个很好的印象，羊方色泽乳白，入口鲜嫩，肥而不腻，味美香醇，配蘸甜酱，更为一绝。点缀的一枝鲜花让人看后食欲大增，心情舒畅。

另一道菜是吴协平大师徒弟参赛的佳肴：麒麟大鳜鱼，此菜一上桌就把各位评委的眼球夺了过去。大鳜鱼头尾整齐，头是昂着的，尾是挺拔的。最中间是滑熘出来的鱼丝，色如雪，白嫩透亮，刀功精细，整齐划一，两侧分别是红椒丝、蛋黄丝、蒿笋丝，刀功细美，色彩鲜艳，整体上像是一幅美丽的图画，只想多看一阵，舍不得动筷子。评委们个个都给了高分。

身为领导，吴协平大师对自身要求很高，处处以身作则，严于律己，关心身边的同志，爱护徒弟，给同行留下深刻的印象，是我们江苏厨界中的一位杰出人物，值得赞美。

“炒菜状元”潘镇平

潘镇平，生于一九四一年，江苏徐州人，中国烹饪大师，高级烹调技师，元老级注册中国烹饪大师，江苏名厨。现任“中国江鲜菜之乡”扬中烹饪协会高级顾问。师承名厨丰国庆、张登发等。曾任江苏省烹饪协会常务理事，精通江苏菜系、粤菜系，对京菜、川菜也颇有研究。潘大师烹调技术全面，尤其擅长鱼虾蟹等水产品的制作。二十世纪六十年代的创新菜白炒刀鱼丝、拔丝西瓜、炸鲜奶虾仁、南瓜江米扣肉等受到省内外同行的好评。一九八二年在江苏省第一次特级厨师考核中获总分第一名，时称“炒菜状元”。

一九五七年，潘镇平参加工作，曾担任镇江名店宴春酒楼生产组长、行政总厨等职，曾在镇江另一名店同兴楼菜馆担任副总经理。一九八三至一九八六年曾任深圳香江酒楼厨房主管，振兴菜馆技术顾问，使江苏菜在穗、港、深等地影响深远。多次参加省市各级烹饪比赛，均获得优异成绩，被授予“技术能手”称号。一九八八年经全省选拔，代表江苏队参加第二届全国烹饪大赛获优胜奖杯，个人获金、银、铜牌三块。他的弟子也有多人在全省、全国大赛中夺得金牌。

潘镇平大师多次被邀请到上海、苏州、杭州、盐城、福州、四川、山西、山东等地挂牌献艺，和当地名厨进行技术交流。曾多次担任国家领导人和外国客人来镇江视察和访问时的主厨。多次主理过全国、全军的大型宴会。长期担任扬州大学商学院和南京金陵职大客座烹饪教授。曾担任全国厨师培训班、出国厨师培训班和江苏省各级培训班的兼职教授，培训学员数以万计。曾多次担任省、市烹饪大赛和餐饮职称考核评委及总裁判长，参加编写了《中国名菜谱》《江苏名菜谱》《江苏教学菜谱》《中国镇江美食大典》《等级厨师考核题序》等书籍。二○○一年个人编撰的《新派淮扬菜》一书畅销全国。潘大师的业绩已被载入一九九一年的《中国名人名菜大词典》。

潘镇平大师的拿手好菜为“三鱼二头”。“三鱼”就是三种鱼——长江的鮰鱼、刀鱼和鲥鱼，这三鱼的烹法有红烧、白汁、清蒸、酿馅，还有烹炸，烹法及口味各有不同。二头指的是红烧狮子头和烩鲢鱼头。“二头”菜依据季节，秋冬季节制作蟹粉狮子头，夏天做河蚌狮子头，狮子头有红烧的，也有清蒸的，盛器可采用平锅的，也有采用砂锅的，还有采用独立焖锅的。总之一句话，潘大师他一心在“三鱼二头”菜肴的特色、品种及烹制方面积极开动脑筋，想方设法，研究出特色，钻研一套完整的具备色、香、味、形的佳肴，交给后人，贡献给社会，贡献给中国烹饪事业。

潘镇平大师还大力挖掘镇扬地区特色，如镇江名肴水晶肴蹄，他的拿手好菜还有蟹黄蛔鱼肚、虾籽海参、三丝鱼翅羹、大煮干丝、黄酒焖肉、清炒虾仁等，这些品种深受镇江市民的喜爱，深受广大消费者的好评。潘大师的人品如同他的菜品一样，在中国烹饪界享有较高的影响。他是我的好兄弟、好榜样，也是中国烹饪界的领军人物。

淮安名厨王素华

王素华生于一九四五年，江苏淮安人，中国烹饪大师，中国烹饪协会会员。曾任江苏省烹饪协会常务理事，淮安市烹饪协会常务理事，历任淮安市饮食服务公司烹饪技术培训中心主任、实习菜馆经理等职。二十世纪八十年代被扬州大学商学院、淮阴商校、淮安商技校等单位聘任为兼职实习教师、顾问、讲师，为国家培养了一大批烹饪技术人才。五十多年的从厨经历中，他兼收并蓄，拳不离手；精通淮扬菜系烹调技艺，炉、案、碟、点技术全面，刀工娴熟，烹调技艺扎实，代表菜肴有软兜长鱼、一鸡九吃、乌龙鳜鱼、乌龙凤翅等。

王素华大师多次参加全国和省、市烹饪技术比赛、交流、表演、菜点审定，理论研讨等活动，并多次担任江苏省和淮安市举办的烹饪技术比赛和技术职称考核的评委，多次在专业杂志上发表文章及烹坛论文。

王素华大师多次参与编写《中国名菜谱·江苏风味》《江苏风味菜点》《中国淮安·淮扬菜名菜谱》；二〇〇二年被授予“中国烹饪大师”称号，二〇〇三年被授予“江苏烹饪大师”称号，二〇〇七年被评定为“淮安十大名师”，二〇一五年被中国烹饪协会授予“元老级注册中国烹饪大师”称号。

昆山“奥灶馆”刘锡安

一九六〇年，刘锡安和我在苏州市烹饪学校是同班同学，他是我国首届元老级注册中国烹饪大师。

刘锡安师傅生于一九四〇年，中国烹饪大师，高级烹调技师，国家级烹饪评委，现任昆山天香馆董事长。

刘锡安十三岁开始学习烹饪技术，一九八三年重新创立百年老店奥灶馆，并兼昆山市饮食服务公司副总经理职务。从一九八〇年起，培养和教育出能烹调、会做点心的红、白两案厨师四百多名。在昆山恢复了百年老店奥灶馆的前身天香馆，为我省的饮食文化发扬光大做出了贡献。

多年来，他的卤鸭面、红油爆鱼面、卤鸭、糖鸭、水风鸡冷菜均荣获昆山万三菜（宴）比赛金奖，三大名鸭、老鹅扎肉、水风鸡在首届中国地方特色菜（宴）上获得金奖。二〇〇六年荣获中国烹饪协会“中华金厨奖”荣誉称号。

刘锡安是昆山人，父母都在昆山，昆山的奥灶面就是他父亲创办的。十三岁时，他就跪拜昆山最有名的老厨师徐天麒为师，徐师傅经营的苏州特色菜肴很有名气，尤其是奥灶面，如红油爆鱼面、奶汤卤鸭面、老鹅扎肉面等几十年前就很有名气。徐老师傅的奥灶面非常火，品种繁多，质量上乘，口味绝妙，就连上海人都来昆山吃早餐。现在交通这么发达，地铁直通昆山，上海人想吃昆山卤鸭奥灶面，全家几口人专程来昆山吃个早餐，一当旅游，二当品尝特色。昆山的餐饮业这么兴旺繁荣，与刘锡安的贡献是分不开的。几十年来，只要一提起昆山，我马上联想起我的老同学、我的学兄——刘锡安。

刘锡安为人忠厚，待人热情，二十世纪九十年代，我想在连云港开办一家昆山奥灶面，当时选址是在新浦公园里的水上餐厅，我特地去昆山一趟，请刘锡安大师来连云港出谋划策，他非常乐意，一切都准备就绪。后来只因新浦公园对水面卫生要求很高，不同意我们在水上餐厅搞餐饮服务，再三磋商无果，只好搁浅。

二〇〇〇年，东方大酒店开展东方美食节活动，又去请刘锡安大师在东方大酒店引进昆山奥灶面。刘大师非常热心，专门带来帮手，发来烹制奥灶面的各种食材和配方。很快，各种口味、品种的昆山奥灶面在东方大酒店生根、开花、结果。生意很好，顾客盈门，奥灶面品种多，口味鲜美，面条滑润有劲，主料突出，味道鲜美，由于烹制手法别致，确实别有风味，深受食客的欢迎。

刘锡安聪明能干，既钻研红案，还精通白案，是一名红、白二案的全面师傅。在苏州烹校学习时，他经常做春卷、糕团、糖糕等，和大家一起交流。我在刘锡安身上学到不少有益的东西。他钻研技术，工作认真负责，待人热情，性格直爽，无论在苏州还是在昆山，无论去省里参加烹饪大赛或会议，还是来连云港，只要见了面，我们便亲如兄弟，两家人也亲如一家。

刘锡安在业务上开展得很火红，上海、南京、无锡、杭州等多地都有奥灶面的加盟店，甚至在国外也有，生意很兴隆，市场很繁荣，消费者反映非常好，他真是做到了“社会效益、经济效益一起上，二个效益双丰收”。

他经常和我交流烹调技术，如苏州的卤鸭，如何令鸭肉鲜醇、味道鲜美、色泽漂亮？在学校的时候，我们学过制作卤鸭，苏州周边的百姓都喜爱吃，他们进城后，一定要到松鹤楼菜馆吃一碗卤鸭面或者来一盘卤鸭，以饱口福。刘锡安告诉我，现在他在卤鸭子的过程中，会添加一些必要的香料，还要看鸭子在锅里的温度，严格掌握温度和焖制的时间，这样卤制出来的鸭子才能达到要求。他研发的糖鸭、水风鸡质量好、口味鲜美，深受广大顾客的好评，在中国首届地方特色菜（宴）上获得金奖，他本人也获得二〇〇六年中国烹饪协会颁发的“中华金厨奖”荣誉称号。

有这样一位好同学、好学哥，我很自豪。我觉得，江苏菜系中有刘锡安这样一位师傅，是值得荣耀的。

第十章

师父与徒子徒孙

没有人能超过他

刘文春

我在一九八三年毕业于江苏商校，毕业后便分到连云饭店工作。当时的连云饭店是全市唯一的涉外饭店，经常接待外宾和各级领导，相当于连云港的国宾馆。设施一流，羊毛地毯、金丝绒沙发，十分豪华。菜品也和别的饭店不一样，什么样的高档原材料都有，鱼翅、海参、鲍鱼、海胆、鱼膘……可以说应有尽有。这对我一个餐饮行业新兵来说，是难得的学习做宴会菜肴的机会。

由于自己学习刻苦，勤学苦练，每天从早上六点半进单位，一直干到晚上十点半才回宿舍，厨艺水平提高得很快，当年就考取了国家二级厨师的职称。

第一次见到周承祖大师，是一九八三年初，那次我们连云饭店接待一批中日友好访华团，由于人数较多，市里专门请周大师来负责餐饮工作。周大师给我留下的印象是平易近人，虽然他那时已是赫赫有名，但没有一点架子，厨艺更是十分精湛，无论是理论和实践，都让我们十分敬佩。

由于周大师的精心安排，这次接待十分成功，受到上级领导的高度赞扬。三四个月后，周大师就被调到我们连云饭店做经理。

周大师调来后，我和他朝夕相处，从他身上学到了很多特色菜肴的做法。比如说他的花式冷盘孔雀开屏，设计美观，刀工精细，拼摆整齐，造型栩栩如生。连云港市到目前为止还没有人能超过他的。还有他的爆炒乌花，用猪油炒，口味脆嫩，洁白如玉，是他的拿手菜，同样是江苏菜的代表菜。

特别是周大师做的凤尾虾，外脆里嫩，色彩艳丽，香味四溢，深受中外宾客的欢迎。

清蒸鲈鱼，看似简单，其实十分讲究。首先选料要新鲜，周大师选二斤半到三斤的鲜活鲈鱼，用盐腌一下，下垫五花肉，上笼旺火蒸十到十二分钟即可，肉质鲜美，肥而不腻。

一九八四年，江苏省举办第一届美食杯大奖赛，地点在南京饭店，这是一九四九年以来第一次举办全省性的烹饪比赛，全省上下都十分重视。连云港先在三县四区搞预选赛，一个市只有四个参赛名额，高振江是组委会指定名额，周承祖大师是评委。

虽然我们是第一次参加这样的大型比赛，但在周大师的亲自指导下，我们获得了优秀奖。虽然只是一个优秀奖，但升了一级工资，职称晋升到一级厨师。

后来，我参加了全省特三级厨师考试，也是在周大师的辅导下，拿到了全省第二名，顺利通过。

周大师不仅厨艺高超，人品也是相当好。一九八〇年，我们连云饭店和淮安商校搞合作实习基地，有一批实习生在我们饭店实习。有一天早上，有人在垃圾桶里发现了十几个新鲜的咸鸭蛋。领导认为这是有人在搞破坏，提出要一查到底。结果查来查去，查出是一个叫尹大富的实习生干的事。原来他听说检验鸭蛋好坏有一个小窍门，把鸭蛋放到水中，沉下去的就是好的，漂上来的就是坏的。于是他就端来一盆清水，将买回来的鸭蛋放进去，漂在水面上的，他认为是坏的，就统统扔到垃圾桶里，哪知闯了大祸，有的领导提出要给他处分。

这时周大师站出来说，他是因为年轻、不懂事造成的，如果给了处分，回去可能连毕业证书都拿不到，说不定要误一辈子。后来，就没有处理，只严重批评了一下。

打球也要像做菜品一样

吉志祥

承祖，继承祖业、祖示、祖训……但凡祖宗留下的一切兴族旺门的，都得承当。

周承祖就不可以这样解释了，这是人名，他是我的师爷，一代宗师，烹饪王国不能不提到的一代烹饪泰斗，从小立志继承祖国的烹饪事业，视发扬光大烹饪事业为己任的中国元老级烹饪大师。他也是我人生道路上至今不能忘却、感恩的良师益友。

我师爷周承祖先生，对我可以用宠爱有加来形容。他对他所有徒弟（包括我的师父刘文春）都是相当严厉、严肃的，技术方面要求当然是一丝不苟，谈到倾囊相授，我深有体会，常常惹得有人问我："周大师的红焖羊肉、风干鸡的秘制配方你有吗？""我觉得你烧的海鲜真的像当年周大师烧的一样地道。"每当这时，我的内心确实有种美滋滋的感受……很多菜肴的制作流程、关键点、技艺升级几乎都是在师爷周承祖先生的指点下，慢慢成熟起来的。（说到这里需补充一下，也离不开师父刘文春的精心培养和我自身的刻苦钻研及努力进取）。师爷总是将自己的制作经验，点点滴滴教授给我。每当我对菜品有了自己的一点体会时，师爷总是大加肯定，爷俩直抒心怀，乐不可支！一直到现在，每有疑惑，或当面请教，或打一个电话，没有客套，像和家里老人一样面对面聊，而后，他还会再三追问“有什么不懂要问的……”这时候，心里真是那个温暖啊！有师爷真好！长大后，我一定要学你，把所有厨艺心得传授给下一辈、下下一辈的爱厨艺的后生。

二十世纪八十年代，改革开放初期，人们的文娱活动内容相当匮乏，大人小孩一到晚上几乎就无所事事了，谁家有个七寸、九寸（英寸）的黑白电视机就已经是不得了的大户人家了。要是有彩色电视机的话，主人家也决不吝啬独享，都会搬到户外来，与家前屋后的邻居们一起看，时不时还会沏壶茶，搞点瓜子、黄瓜与大家边吃喝，边聊电视剧里的故事情节，悲伤一起流泪，主人公受伤醒来一起高兴喝彩……笑容挂在每个人的脸上。

我们单位（连云饭店）是当时我市第一家也是唯一的一家涉外接待单位。活动室有乒乓球台、台球桌，更有一台十七寸的大彩色电视机，每天晚上下班后那里人最多，就近的同事都会玩到很晚才回家，这时无论领导、徒工都是一家人。这也是我与师爷周承祖先生零距离接触的时间，讨教厨艺，分享学习心得，听师爷讲人生，谈发展，谋未来的最佳时机。

一天晚上，刚推开活动室的门，师爷已经早到了。“来……来……未来小吉大师，我们来切磋一把台球技艺。”周大师笑容满面地招呼我。“好呀！”我不假思索地干脆答应，心里想：厨艺我向您学习，今天我要叫师爷好好向我学一把捣台球技术。摆球，开球，进球，得分……唉！大家可能已经想象到了，惭愧啊！居然让我这个台球小王子连着三把输给一个老头，“不玩了，不玩了，一点都不好玩！”我一边说，一边就想找机会遛走，免得在同事们面前丢脸，招人讥笑。“小吉，你回来，”老爷子看出了我的心机，边拿出当年流行携带的手帕让我擦汗，边说，“你坐一坐，我来分析一下你为何输球。说真话，你球艺还是不错的，比我高。”师爷先肯定了我，我的心情略略好受了些，师爷接着说道：“你为什么反而会输给了我？是这样，打球也要像做菜品一样，俗话说得好，菜品如人品，做菜要一个步骤、一个环节处理细致，把食材的本性通过加工、调味等每一个操作工序来充分发挥到极致，得以体现，菜品才能好吃、好看，也是叫色、香、味、形、意、养俱佳的一种状态，打球和做菜一样，不能急功近利，急于求成。该切，切，该洗，洗，然后再上火，调味，装盘，点缀……不能上来急于打高分值的球，忽视靠近洞口的小分球，该用力，用力，该轻推，轻推，做菜也是一个道理，你总不能把没有切、没有洗的菜直接就放锅里炒吧……做任何事要认真、细致。玩，也需要态度端正，处理细致入微，像做菜一样需要把握好每一操作环节……”乖乖，老爷子一席话真的把我说得无地自容。玩都玩不好，将来怎么能成为一名烹饪大师？怎能教人带徒？怎能对得起像师爷这样的无数烹饪老前辈以及师父的谆谆教诲？从那时起，我心里不由得暗暗下定了决心，今后一定要努力学习，刻苦钻研，争取做一个对社会、对祖国的烹饪事业有贡献的一名优秀厨艺工作者。

隔着玻璃窗看我做菜

苏正标

人生如一场远行，最幸运的莫过于有一个睿智的引路人；学艺如攀登一座山峰，最可贵的是有一位大师的提携与教诲。

第一次知道并见识周承祖大师的风采，是在一九八一年，十八岁的我刚刚走上学厨岗位。那一天是墟沟海鲜楼开业，饭店经理请来已在港城名噪一时的周承祖大师现场指导，多少人慕名而来，就是为了见识大师的风采和手艺。

那天周大师摆的是他的拿手绝活花式冷盘孔雀开屏。那时一般饭店还很少用到花式冷盘，我们甚至连见都没见过。只见周大师心无旁骛，动作娴熟地摆出一盘色彩艳丽、栩栩如生的孔雀开屏，一下子将我们震撼了，我忽然发觉，菜肴还能做得这么考究精美，简直就是一件难得的艺术品。

就从那天开始，我暗下决心，无论厨艺之路多么艰辛、多么漫长，一定要争取做出像周大师孔雀开屏那样精美的菜肴。

现在想来，在那么一个普通的日子，能见识到周大师的手艺多么幸运，因为，人生的目标有多么远大，人生之路才能走得有多么长远，只有心中有一座高峰，学艺生涯的轨迹才能不断地向上攀登。

幸运的事还不止这些。

时间不长，市总工会在连云饭店举办烹调学习班，我有幸被单位领导推荐参加，于是有了和周大师朝夕相处、亲身聆听教诲那些难得的日子。

我很珍惜这次千载难逢的机会，起早贪黑，抓住一分一秒的时间，从周大师和其他老师身上，学习各种厨艺和技术，尽可能地汲取更多丰富的营养。当然，最宝贵的是学到了对厨师职业的尊重，知道了中华厨艺的博大精深。

功夫不负有心人，在学习班结束的厨艺考核中，我以优异的成绩考取了第一名。周大师对我十分器重，将我留在了连云饭店，收归在他的门下。

从此，在周大师的耳提面命下，在连云饭店优秀厨师团队尤其是刘文春师傅的教导帮助下，我的厨艺水平快速提高，突飞猛进，成为连云饭店厨师团队中一名合格的成员。我感到特别荣幸，因为那时的连云饭店是全市唯一的涉外饭店。

为了让我有更大的发展，周大师还送我分别到淮安商校和南京烹饪学校学习深造。尤其是在南京烹饪学校学习时，又见识到了中国厨王胡长龄的大师风采和精湛的技艺。

周大师厨艺高超，待人真诚，对我们这些后辈更是十分关爱，尽力提携。

第三届全国厨艺大赛中，连云港代表队由周大师带着我及几个大厨组队参加。在比赛中，所有领队都是国家级大师，现场也只是指导点拨一下，但周大师没有一点大师的架子，全程参与，亲力亲为。做花式冷盘，雕刻孔雀头是最难的，他一口气连雕了八个，个个一模一样，宛如神工，赢得评委们啧啧赞叹。眼看着做八宝鸡那边忙不过来，需要脱骨，他拿起一只光鸡，三下五除二，几分钟时间将骨头抽得一干二净，不破皮，不坏形，人们称赞他已达到炉火纯青的境界。

比赛结束，我有幸获得了热菜第一名和江苏烹饪状元的称号，领奖发言时，在上千人的场合讲话，我有点打怵。又是周大师帮我拟定讲话稿，鼓励我不要拘谨，沉着冷静。

第四届全国烹饪大赛在杭州旅游学院举行，也是周大师带着我们一行人参加。我参赛的菜品冷拼叫厨韵，由五荤三素八种原料组成；热菜是兰花鱼翅、玉莲蛋卷墨鱼球。这一次周大师不能进场现场指导，于是他就隔着玻璃窗，瞪着眼看着我们做菜，两个小时时间里，他始终站在那里，一刻也没离开。有他在我们身边，我们心中也就有了底气，忙而不乱，手艺超水平发挥。这次我又拿到了一个金奖、一个银奖。能获得这样的好成绩，完全归功于周大师在赛前充足的准备工作和平时对我们的言传身教、严格要求。

在厨艺上，周大师是我们的严师，是我们的偶像，是我们努力奋进的标杆。在生活上，他是我们的长辈，对我们关怀备至，精心呵护。

记得周大师从连云饭店调到市陇海饭店，临走前，他专门把自己的寝室让给了我，包括部分生活用品和墙上挂的字画。至今我还记得有两幅他亲笔以及别人写的“美食延年”“烹饪高手”两幅书法作品，对我起到很大的鞭策和鼓励。

前几年，我身体有恙，周大师和师母专程从新浦赶到墟沟来看我，为了表示感谢，我专门安排了一桌饭菜。哪知周大师执意不肯，坚持赶回去，说是不给我添麻烦，让我至今过意不去，感觉欠了大师一顿饭。

在周大师亲自指导和关照下，这么多年来，我在厨艺上也取得了令人瞩目的成绩：现任江苏省烹饪协会副会长、江苏省名厨委员会第一届委员，二〇〇六年被中国烹饪协会授予中国烹饪大师、中国营养药膳大师、中国餐饮业国内一级评委、国家高级技师一级烹调师等荣誉。

我深知，这些荣誉的取得，与周承祖大师和刘文春大师多年的培养分不开的，他们教我厨艺，更教我怎么做人，使我在厨艺生涯和人生的道路上，能够走得更远！

一碗蛤蜊海鲜

韩　亮

周承祖是我非常敬仰的祖师爷，更是一位德高望重、全国知名的餐饮大师，他学识渊博，技艺高超，待人高风亮节，和蔼慈祥，尤其对待后辈关爱有加。

二〇一七年十月，我负责筹备连云港市餐饮文化博览会，有幸请到周承祖大师做了一堂生动的烹饪讲座。为了讲好这堂课，他做了精心的准备。

在课堂上，他从餐饮的历史文化，讲到未来的餐饮发展趋势，旁征博引，娓娓道来；从自己学徒的艰辛，讲到后来成为餐饮大师后为众多国家领导人做菜。整场讲座他讲得风趣幽默、高潮迭起，充分展现了一位国家级烹饪大师的学识和风采，听众心无旁骛，全神贯注。

博览会期间，他作为首席评委，对青年厨师所做的参赛菜肴作了精到的点评。他的点评准确中肯，见解精辟，同样展示了大师的专业水准和高超技艺。

在我和周大师的相处中，有两件事情让我终生难忘。

第一件事是博览会前，我去大师家专程邀请他参加活动。那天是我第一次去大师家，事先电话已联系好，他已慨然应诺。

敲门进屋，只见周大师扎着围裙从厨房满脸笑意地走出来。他说：“你小坐一会，我正在给你师奶做海鲜面呢。”

几分钟后，他便端着一碗热气腾腾的蛤蜊海鲜面放到了桌上。他说：“亮，你先吃这碗，我再给你师奶重下一碗。”

我听后一下子慌了，我怎么能吃为师奶下的面呢？于是我再三推辞，百般谢绝，但是再怎么说也没有用，大师非让我吃不可，只好从命。

能吃到大师亲自做的面条，对我来说，真是一件特别幸运的事。面条是用海鲜蛤蜊精心吊的汤，面是手工切的面，几根碧绿的过寒菜点缀在面上，十分诱人。喝一口汤鲜香浓郁，吃一口面筋道滑爽，感觉滋味特别悠长。我突然想到，这一碗面青白相间，不正是大师一生清清白白做人的人生写照吗？

另一件事是关于我拜师的事。

二〇一八年五月，我有幸结识了常州的资深中国烹饪大师潘国庆先生。潘国庆大师致力于对江苏餐饮文化的传承与研究，理论知识渊博，文化积淀厚重，业务技巧娴熟，精于炉、案、碟、点，对中国烹饪工艺的四十多种技法潜心钻研、灵活运用，技术娴熟，是中国烹饪界公认的大师级人物。

在和潘大师的几次餐饮评审活动中，他的烹饪专业水平给我留下了深刻的印象，我们一见如故，十分投缘，于是我萌生了再拜一个师傅的念头。

我的师傅是苏正标，也是中国烹饪大师，对我也是十分器重、关爱有加。苏大师的师傅是周承祖大师，所以说周承祖是我的师爷。对我再拜一个师傅的想法，他能同意吗？我怀着忐忑不安的心情找到周大师，向他坦诚地说明了我的想法。哪知周大师没有任何犹豫，十分肯定了我的想法。他说，要做一个好的烹饪工作者，就是要博采众家之长，吸取各方菜肴制作的宝贵经验，才能在餐饮道路上走得更远。

周大师的一席话让我如释重负，也让我看到了周大师博大的胸怀和做人的境界，同样也坚定了我力争促进江苏省南北菜系的融合发展、推进两地餐饮行业繁荣进步的决心。

第十一章

新松恨不高千尺

文清，我就看好你

高文清

在蔡骥鸣、王志坚、刘洪石、韩世泳、彭云等港城众多名家们的鼓励、指导下，经过周承祖大师多次审阅，《连云港饮食文化》出版发行了。这本书汇集了连云港地区近千年来的饮食渊源和饮食习俗，弥补了我市饮食文化方面的空白，荣获了连云港社科联二等奖。每每回想起编书过程中的艰辛和曲折，我常感叹自己是何其有幸，遇到这么多的良师益友，尤其是周大师铿锵有力的鼓励："文清，我就看好你。"

周承祖大师是连云港餐饮界的泰斗，二十世纪九十年代初，我尚未接触餐饮行业时就十分仰慕大师的风采。当时的周大师是享誉港城的特级烹饪师、连云港商界的风云人物，他管理过的连云饭店、陇海饭店、龙凤居，可谓是港城响当当的名片，无论是南来北往的客商还是到花果山西游的游客，无论是国人还是外宾，都能在连云饭店、陇海饭店、龙凤居吃到地道的港城风味。周大师虽身处商界，但在文化领域也颇有建树，为了让自己精心制作的美味佳肴能传承和发扬，他撰写出版了《承祖菜谱》，我有幸参加了在黄海度假村举办的图书发布会。在发布会上，我翻阅着精美的书籍，听着大师侃侃而谈，敬仰之情油然而生，心里许下愿望，一定要向大师学习。周大师的书法也非常了得，都说字如其人，周大师的字恢宏大气，端庄典雅，陇海饭店、龙凤居等港城名店的招牌都出自周大师之手。一九九六年，机缘巧合下，我开始执掌亚欧大酒店，从当初一个门外汉到如今拥有多家门店的餐饮老总，期间少不了许多前辈的帮助，周大师便是其中一位。餐饮业竞争激烈，更迭频繁，这些年我摸索着前进，始终将周大师作为标杆，在餐饮业洪流中迎难而上。之后，我经常会在不同的场合与周大师见面，他总是面带微笑，眼神中有赞许、有鼓励，我忘不了他拉着我的手对我说："文清，不错，好好干，要干就干出些名堂。"

时代的洪流滚滚向前，在省烹饪协会和市商务局的支持下，伴随着连云港烹饪餐饮行业协会成立，我荣幸出任副会长兼秘书长，接过前辈们的旗帜，和餐饮界同仁向下一个目标进军。我们是幸运的，前辈们种下的种子，在我们手里发芽结果。我常常独自思索：我该怎么做才能像周大师一样为港城的餐饮业做出贡献，把地方特色发扬光大？

带着使命，我萌生了编写一本能反映我市饮食文化历史书籍的想法。念头一出，我就开始收集资料，制订计划，筹措资金。当我把编书的计划告诉大家时，有人赞许，有人疑惑，还有人认为我只是一时冲动。是啊，出一本书谈何容易，况且是我这样的门外汉。周大师得知后，给予我热情的鼓励，把他当年出版《承祖菜谱》的经验介绍给我，让我少走了不少弯路。我永远也忘不了他用饱经风霜的大手握着我的手说的话："文清，我就看好你。"

经过近三年的辛苦编写，《连云港饮食文化》终于出版了。这本书得到社会各界的认可和赞誉，弥补了连云港市饮食文化方面的空白，让寻常百姓家的饮食有了文化的气息，让饮食文化走到寻常百姓的身边。

作为连云港市餐饮行业的带头人，我要做的工作还有很多很多，但无论遇到怎样的困难，周大师对我的鼓励都是助我冲破阻碍的力量——“文清，我就看好你。”

大师其人其事

董晓明

最早与周大师相识，只闻其名，未见其人。

一九八三年，我在扬州商校就读，学的是烹饪专业，老师是大名鼎鼎的薛泉生大师。在课堂上，他多次讲到连云港市有个他很佩服的著名特一级中国烹饪大师，叫周承祖，厨艺相当精湛，做海鲜菜更是全省一绝。

那时对周大师特别崇拜，感觉他是连云港的骄傲，连薛泉生这样的大师都佩服的人手艺肯定不得了，同是港城人，可惜无缘相识。

谁知机会第二年就到了。

一九八四年，全省举办第一届美食杯大赛，学校组织优秀学员前去观摩学习，我是班干部，因此学校让我当领队。

来到赛场，我很高兴地知道周大师也来参加，而且是评委会副组长。赛区有他的大幅照片，总算见到大师的风采了：那时周大师四十岁出头，人显得特别年轻精干，神采奕奕。

那次比赛中，周大师的徒弟刘文春大师作为选手参赛，参赛作品获优秀奖，他是连云港唯一获奖的选手。

一九八五年，我从商校毕业，因为成绩比较优秀，校方让我留校，但因为我有恋家情节，谢绝了校方的挽留，回到了港城，被分配到陇海饭店。

两年以后，周大师从连云饭店调到陇海饭店当总经理。从此，我便和周大师结下不解之缘，他将精湛的厨艺毫无保留地传授给我，使我在专业技术上有了突飞猛进的提高。

记得时间不长，遇上市里评二级厨师职称，我心中没有底，所以没敢报。周大师听说后，动员鼓励我积极报名参加，并主动利用业余时间辅导我和另一个厨师，结果我们两人都顺利通过了二级。

作为陇海饭店的总经理，周大师特别注重对我们这些年轻人的培养。一九八七年，由于我好学肯干，厨艺也有了较高水平，周大师便提拔我当团总支书记，那时我是陇海饭店最年轻的中层干部。

餐饮行业注重师徒传承，也就在那一年，我正式拜周承祖大师为师，确立了师徒关系。

时间不长，各行各业流行搞承包经营，饭店当然也不例外，周大师便鼓励我承包大餐厅。在他的支持帮助下，我将大餐厅隔了几个包间，设了那时全市还不多见的酒水吧台，菜品也做得既精美又实惠，因此一时顾客盈门，当年就盈利几万元。

一九九三年，全国餐饮业大发展，社会上的厨师供不应求，特别是中高级餐饮人才奇缺。周大师便想到利用陇海饭店雄厚的人才优势，搞餐饮人才培训，于是便在陇海饭店楼上，成立了商业部南京培训站连云港分站，专门培训国家特二、特三级厨师，让我出任站长。

现在想来，那时做厨师培训真是一件恰逢其时、功德无量的事，对于港城乃至全省餐饮业来讲，培养了一大批餐饮中高级人才；对于我个人来讲，也是从理论到实践，又从实践到理论的蜕变过程，厨艺水平有了一个质的提升。

记得第一届打算招收五十个学员，哪知一下子报了一百二十七个，一半是本地的，一半是省内甚至省外的，不得不分成两个班。授课老师方面，周大师亲自上阵，精心备课，循循善诱，还请来南京厨王胡长龄等一大批全国各地大师级人物前来当老师，半天理论，半天实践，实践理论相结合，效果特别明显，毕业达标率百分之八十以上。

周大师温文尔雅，是一个学者型的领导，开会讲话出口成章，书法也有很深的功底。同时，他又是一个开拓创新型的干部，大胆管理，大胆使用年轻人才，无论在哪个饭店，都能搞得风生水起。

一九八七年，周大师从连云饭店调到陇海饭店。当时，陇海饭店一直处于亏损状态，每年亏损十几万。他来以后，取消“大锅饭”，采取承包经营的方式，加强成本核算管理，堵住跑冒滴漏，当年就实现了盈利。

一九九一年，为了扩大经营规模，周大师利用陇海饭店一块闲置的堆煤场，兴建港城高档餐饮龙凤居酒店。他花了十几万请来当时水平最高的金螳螂装潢公司，按高规格装潢，称得上富丽堂皇。尤其是水晶宫，全是玻璃镜面镶成，配备红木家具、银质餐具，宛如皇宫。初期还有不少人提反对意见，认为太高档，没有人敢进来消费，非亏损不可。哪知开业后顾客盈门，一座难求。水晶宫每人最低消费一百元，必须提前一两天预订，经济效益翻番。

周大师和我聊了很多话

陈　权

我于一九八七年进入餐饮岗位，至今已有三十二年了。回想这三十二年来，我和周承祖大师从不认识到相识相知，从周大师身上学到了许多做人做事的理念，对我人生的成长和厨艺的提高有着极大的帮助。

刚参加工作时，我就从父亲的口中知道周承祖这个名字，那时他是我们心中非常崇拜的名人，可惜无缘相识。

一次参加考级培训班，周大师给我们上培训课，那次课堂上人坐得满满的，连走道都挤满了人。周大师讲课深入浅出，风趣幽默，大家听得聚精会神、津津有味，个个受益匪浅。

在晚上举行的晚餐上，我们排着队上前敬他和高振江大师的酒，轮到我和他们碰杯时，手都激动得发抖，回去后在单位吹了好几天，因为那时在我们同行中能有这样的机会实在不多。

和周大师深度接触是在一九九六年，那次我们天然居搞美食节，请来多位外地餐饮大师级人物，其中还包括周青杨大师。当天接待晚餐是我做的，周青杨大师表扬我说："今天晚上的菜做得很利索漂亮。"周承祖大师也表扬说："今天的菜明显看出来是将港城本地菜肴和外地菜肴相结合，上了一个档次。”

那天晚餐结束后，我送周大师回家。那一晚，周大师一路和我聊了很多很多，有三点到现在我都终生难忘。

第一点是要舍得花钱，走出去请进来。只有多和外地餐饮界名师、大师沟通交流，学习人家的宝贵经验，才能开拓自己的眼界，才能提升自己的厨艺水平。到目前为止，我一直是按大师的要求这样做的，我经常自费到全国各地和同行切磋交流，包括中国香港、中国澳门、新加坡，都有我餐饮界的至交好友，从他们身上，我确实学到了在连云港一隅永远学不到的东西。

第二点是自己一定要有扎实的基本功。这就像盖楼一样，没有一个好的基础，楼永远也盖不高。就拿炒菜的温度掌握举例，油温、水温、锅温，都要了解得一清二楚，把握得恰到好处，只有这样，才能做到精深、精准。

三是要多参加各种餐饮比赛。要舍得拿出自己的真东西，拿出精品菜肴，让人家评点、评价，充分听取别人的意见，才能不断提高厨艺水平。我也一直按照大师要求这样做的。我现在是全国仅有二十五个国际B级餐饮评委，参加过几十次餐饮比赛，国家级八次，国际级四次。通过这些活动，我见识到国际、国内高层次菜肴的制作水准，同样丰富和增加了我的餐饮理论实践水平。

和周大师熟悉后，他还经常亲自帮我设计参加各种大赛的参赛菜肴。我第一次参加全国烹饪大赛，参赛的菜肴冷盘是秋后葡萄，热菜是西施月芙蓉，他和我认真研究制作工艺，精心准备，结果在大赛上一炮打响，两个菜拿到了双金牌。

在中国台湾举行的第五届国际厨王争霸赛上，也是周大师帮我们仔细研究参赛方案。当时全国有二十七支参赛队伍，最终只有我们拿到了珍贵的二等奖，其他国内参赛队全军覆没。

周大师和高大师两人是对连云港餐饮界做出巨大贡献的两个人，在连云港餐饮界健康有序发展的进程中，他们可以说是功不可没。比方在收徒方面，现在外地有很多餐饮名人收徒动辄成百上千，影响很不好。但周、高两位大师收徒要求十分严格，从厨艺到为人，十分挑剔，从不滥收，成为我们这些后辈的榜样。

现在还记得 5415 的号码

顾俊生

一九八八年十月，中国首届琼花美食艺术节在扬州隆重举行，全国各地的烹饪大家、名师汇聚古城。我所在的江苏商业专科学校实习菜馆迎来了江苏省各地名师，我有幸被安排到徐海菜美食组，负责照应连云港的烹饪名师。当时，我已知道周承祖大名，因为我们学校的内刊教材《江苏菜》一书中就有他的大名，他还是我们学校客座教授。我一直是只闻其名，未见其人，这次终于见到并且能为他服务，心情十分激动。

周承祖大师提前一天到达琼林苑实习菜馆，他们开着一辆皮卡车，带来了一车冻品海鲜，用棉被包着。周大师一见我，吩咐我立即组织搬货。他们带来了大乌子、大海螺、梭子蟹、东方大对虾等，都是海鲜产品，我从未见过这些原料，感到很新奇。

到了宾馆，周大师一边洗手一边和我聊家常，问我姓名、年龄、什么地方人，一下子让我和他拉近了距离。我原以为大师都是很严厉的人，想不到一个著名的大师是那么平易近人、和蔼可亲，就像我的父辈，那一夜我激动得几乎一夜没睡着觉。

从那时起，我就萌生要跟周大师学手艺的念头。

我帮忙领料并陪着周大师到了厨房，看着他们准备食材。印象最深的是看周大师切大乌子花刀，速度快，下刀准，功夫好生了得，看着特别轻松自如，不像我们怕切断或深浅不匀。不一会，做好了蝴蝶乌花、原海螺、凤尾大虾、芙蓉蟹斗四样菜的准备工作。紧接着，周大师开始做蝴蝶乌花装饰盘：青红椒刻成鸡心形，拼成蝴蝶的翅膀，自制的火腿卷做成蝴蝶身，一做八盘，颜色非常鲜艳，形象栩栩如生。把油炸好的乌花放入其中，更是夺目。那洁白晶莹的乌花就像沉甸甸的麦穗，在油的浸润下，十分诱人。原壳海螺是一道工艺繁杂的火功菜，周大师先将活海螺切成薄片，用清水漂洗，然后用蚝油、蒜片爆炒成熟，装入海螺壳中，再用蛋清打成蛋糊，裱在螺壳上，用竹笼蒸几十秒钟即可，点缀上香菜、红椒碎，就像一朵朵梅花绽放在白雪皑皑的雪山上，美不胜收。凤尾大虾是让我最惊奇的一道菜。我从小长大未曾见过那么大的虾，一斤称三到四个头，是正宗的东方大虾、连云港特产。周大师把剥壳的虾肉一一掰开，挑出虾线，稍加腌渍，用蒸好的冷馒头搓揉成屑，将虾排用蛋液滚浆，沾上馒头屑，下油锅炸成熟，只见那一只只虾尾橘红透亮，香味扑鼻，宛如一群凤凰翩翩起舞，令人不忍下箸。

做芙蓉蟹斗时，周大师把梭子蟹的肉、膏生挤出来，用鸡蛋清炒熟装入煮熟的蟹壳中，再将蛋清糊裱在蟹壳上，成一个个蟹斗，再上笼蒸至蛋清泛芙，然后点缀香菜叶和红椒刻成的小花瓣，真似一朵朵芙蓉出水，吃在嘴里，美在心中。

周大师用短短的几个小时，做好了精美的菜品，我被深深地震撼了，一直用敬仰的目光注视着他。周大师一边收尾，一边跟我讲制作要领："蝴蝶乌花要注意原料选择，要新鲜，大小要均衡，剞刀要先煮开后切；油爆温度要控制在七成半左右，要勾好芡汁，盘底要撒胡椒粉，只有这样才能去腥提香。”周大师还特别跟我说：“做原壳海螺时，蒸发蛋清糊要注意温度，笼盖不能盖密，留点透气口，这样就不会蒸塌蒸老。凤尾大虾要注意虾开背不能破，排刀要均匀，尤其是去虾沙，斩断虾筋，这样虾出来不卷曲，容易成型。虾要拖浆沾馒头屑，才能让虾体成形饱满，酥香味才浓郁。”

周大师结束表演后，就要到其他酒店去献艺。临走前，我想到他的房间去看他，心想这一走以后就没有机会相遇了。真没想到，周大师主动和我说：“小顾，你好好学习，等你毕业了到连云港去。”他从包里拿出信笺纸，写了联系地址、电话号码给我，以及他的大名。多少年过去了，我现在还记得这个号码——5415。我高兴地拿着这张纸，跑回宿舍，珍藏在我的笔记本中。

这一次，跟周大师的接触只有短短几个小时，但他精湛的烹饪技艺、和蔼可亲的形象，深深地印在我的脑海，他的谆谆教诲已经被我铭记在心底，那张便笺条是让我与师傅结缘的红线。

一九八九年七月，我完成了两年的烹饪专业学习，依着家长的要求，回到老家如皋招待所工作。在老家工作的几个月，心里老是想着周大师教我做菜的情景，周大师嘱咐我的话语时常在耳畔回响。经过多次的思考，我毅然决定离开招待所，北上寻找周大师。

一九九〇年六月三日，我到邮局打长途电话给周大师，说明了想法。周大师非常高兴地答应我，让我尽快来陇海饭店。

这次去找周大师，我连父母都没告诉，仅有我的妻子肖霞知道，其他更是无人知晓。几天后，我到如皋汽车站买了一张车票，早上五点四十乘车，下午五点半左右到了新浦汽车站，找到陇海饭店，走进总经理办公室。周大师高兴地迎接我，接着，打电话给明月酒家的王素兰经理，领我到明月酒家报到上班。就这样，我当天到达，当晚就上班了。

刚来陇海饭店，住宿比较难解决，我住在饭店楼梯下面一块闲置的地方，冬天冷，夏天热，但我始终认为那是对我的一个考验。一年半后，在新浦农场附近，我终于分到了一间三十多平方米、属于自己的房屋。那一天，师傅、师娘拿着钥匙和我一起来到我的住处，我感到很幸福。

每到中秋节，周大师都会把我请到他家里，当作自己的儿女一般。

到陇海饭店三个月，正好碰上全市二级厨师的考试，我那时刚出校门不久，连想都不敢想，周大师给我鼓劲。在他的亲自辅导下，经过精心的准备，我以冷热菜双第一的成绩，考上了二级厨师。

周大师对我很好，但工作上对我要求很严格。

有一年，我在龙凤居做副经理，卫生防疫部门来进行食品安全检查。我总认为和这些部门很熟悉，就没当一回事，做做表面文章，心想即便有什么，打个招呼就过去了。谁知，周大师发现了问题，狠狠批评了我。他说："做人要诚实，不能欺骗检查部门，更不能欺骗消费者，无论何时何地，要做到有人检查和没人检查都一个样。"

周大师的话，点点滴滴在我心头。这些年我进步很快，二〇〇七年成为江苏烹饪名师，二〇〇八年，成为省烹饪协会常务理事，并获江苏旅游系统服务十佳、高级烹饪技师的职称。

大师教我炒韭菜

王　浩

我是二○○○年进入餐饮界的，在北崮山庄。

我的偶像就是周承祖大师。参加工作几年后，一次在新海苑见识到了大师的风采，那时他已经六十多岁了，很多像他那么大年龄的人都退休享受生活了，但他仍然精力充沛地活跃在餐饮界。

大师一辈子和菜肴结下不解之缘，有时和我们接触，三句话不离本行，谈得最多的还是菜肴。

给我留下深刻印象的是他教我炒韭菜。炒韭菜看似简单，人人都会，但到了周大师手里，就能炒出不一样的水平。一般人炒韭菜是不放水的，但周大师不一样，他最拿手的恰恰是水炒韭菜。他教我们，先把油锅烧热，然后韭菜带水及盐一起下锅，利用水汽发的瞬间，将韭菜炒熟。这样炒出的韭菜鲜嫩可口，可见一道极普通的家常菜，他也能发挥得淋漓尽致。

周大师为人谦逊。他是我的祖师爷，比我大三十岁，但还经常不耻下问，和我们切磋厨艺。一次他在我们饭店吃饭，觉得桌上的炝虾、炝蟹做得很好，那是我在上海菜的基础上改良过来的，用发酵大蒜、白醋和其他调味料生炝而成，咸甜适中，鲜香可口。

周大师品尝后当场大加赞赏，觉得这个创新菜做得十分成功。回去后，他又专门打电话来，向我要去配方，和我反复商讨研究。

把仔乌做成一朵菊花

王宝忠

二〇〇三年，我刚参加工作四年，被单位委派参加江苏省第四届烹饪大赛，经过几个月的准备，试制了二道菜肴，但菜肴效果怎样、能不能参加比赛？我心里忐忑，没有底。酒店领导看出了我的心事，鼓励我要把菜认真做好，并告诉我，会邀请周承祖大师来对我的菜品进行指导。请周大师来，我心里一下子变得暖烘烘的，充满了希望，也充满了期望和敬佩的期待。

以前对于周大师的了解，完全是通过大师的《承祖菜谱》，从那里，我学习到了本地菜肴的精髓所在。这本书既让我学到了富有本地特色的二百多个菜肴品种，又让我对菜肴有了另一种更高档次的认识。在人们对饮食的要求越来越高的今天，菜肴已不单纯只是人们填饱肚子的食物，而是被提高到审美层次去认识，当成了一种文化，不仅仅要从色、味上享受，还要从造型和菜肴所包含的意境上去享受，去陶冶心灵，陶冶感情。这些内在的深层的内涵，在《承祖菜谱》里得到了充分的反映，在“将相和”菜肴里，通过家喻户晓的典故，对人们循循善诱，予以启发，增加了人与人之间的见谅和理解、大度和宽容，为创造和谐社会建立了宣传基础；再如“张飞过瓜州”，不仅是一道菜肴，人物造型栩栩如生，且引出了一段曲折的故事；“霸王别姬”更是令无数同行难以望其项背。这样的菜肴品种在他的书里有很多，既有文化底蕴，又色、香、味、型兼顾，并且还将广帮、川帮、鲁帮菜肴特色和清真菜、宫廷菜融为一体，博采众长。菜肴出品后，色彩清爽，给人精神上一种轻松的享受。对一些传统的名菜，在继承的基础上发扬创新，改进传统味型，最值得学习的是在海鲜菜肴方面不断创新品种。如海鲜墨鱼蛋，以前的加工方法很简单，一般以煮熟蘸食，或红烧、爆炒，但周大师另辟蹊径，把墨鱼蛋逐个撕成片，制作成酸辣、芙蓉、清汤、奶汁等各有特色的菜肴，周大师在海鲜原料上有很多独到的想法和制作，非常具有自己的特点和风格。

当时，听到周大师来给我指导菜肴，我满心期待。

周大师来的那天，我早早地来到酒店，把要做的菜肴准备好。上午十点钟左右，周大师准时来到酒店，我赶紧把准备好的两道菜肴加工、制作，端到包间给周大师点评。包间里，周大师正笑容可掬地坐在那里，看到我，微微地点点头，然后一边观摩菜品，一边评价：“小王啊，你这两道菜，看得出来是在上面花了心思，这道红扒鳄鱼掌，选材、用料及制作方法，口味都非常好，但色彩搭配及意境方面有所欠缺，如果能在这鳄鱼掌边上添加一些鲜亮的颜色，比如用绿色的莴苣做托，上面放一个鸽蛋，是不是能把这道菜的色彩搭配得更加鲜亮，感观上更赏心悦目一些呢？这个你可以再试一下，效果应该会好很多。另外你这道菜的名字没有内涵，名字对于菜肴非常重要，可以对菜肴起到画龙点睛的作用，你看我们古人能把一个平平常常的菠菜豆腐汤写成‘清江白玉板’‘红嘴绿鹦鹉’，这是多么生动、多么具有文化性呀！我觉得你这道菜可以叫作‘掌上明珠’，这个名字可以提高你这道菜的内涵和档次。”

"嗯，好！"听到这个名字，我眼前一亮，立马浮现出一道色彩鲜亮、诱人食欲的菜肴。"真不愧有大师风范！"我在心里暗暗赞叹。

"这道八宝酿大乌本身就比较老气，没有新意，缺少生命活力，所以我觉得这道菜不适合参加比赛。"听到大师这话，我心中一凉，仔细一想，又觉得这话很中肯，那我如何再做一道菜呢？

周大师循循善诱地说："作为参赛作品，可以突出本地特点，作为我们海边城市，如何对海鲜原料进行造型，做出具有我们自己特色的菜品来，在这一块，你的师哥董健做的仔乌马蹄莲就很好，非常具有代表性。"

大师的一番话让我忽然脑洞大开，我以前不是也把仔乌做成菊花吗？我马上把想法对大师说了出来。他说："很好呀，你马上去把这个做一下，让我看看。"

我赶紧到厨房，把仔乌做成一朵朵菊花状，端到大师面前。大师看了看，说："很有创意，但你这道菜可以做成一道汤菜，用高级清汤把这菊花仔乌氽到汤里，既可增加这道菜的内容，又提高了营养，保持了仔乌的质地和口感，极大地增强了菜肴的可食性。这道菜可以叫作'上汤映菊'。"呵，我心里好爽，这是一幅多么亮丽的图画！

不负大师期望，这两道菜在我参加的江苏省第四届烹饪大赛中勇夺金牌大奖，在参赛的四百多名选手中，我取得了第二十七名的好成绩。随着和大师的不断接触，大师那种对烹饪事业精益求精的精神，一直鼓舞着我们。几十年过去，大师已接近八十岁高龄，但他从事烹饪技艺研究和搜集民间菜肴传说的工作从没间断，他讲起烹饪技艺和传说来，总是那么侃侃而谈，那么吸引人。他关心、爱护后辈成长的拳拳之情，从没间断过，他是我事业和生活中的良师益友。

第十二章

媒体上的周承祖

苏派海鲜菜大师——周承祖

周承祖，十五岁（一九五七年）从师学艺，十七岁在连云港市全市烹饪比赛中初露锋芒，活炒仔鸡从宰杀、煺毛、取内脏、洗净切成丁到烹制成菜，仅用一分四十六秒钟，取得第一名。他自一九五七年从事烹饪工作以来，五十年的学习实践，使他技艺超群。他在对中国烹饪技术继承、发扬的基础上，积极开拓创新，制作了大批在江苏地区文化品位很高的菜肴，如“将相和”“张飞过瓜洲”等，通过家喻户晓的典故和栩栩如生的人物造型，旁征博引，给人启发和享受。他还将广帮、川帮、鲁帮菜肴特色和清真菜、宫廷菜融为一体。

周承祖对江苏传统名菜在继承的基础上发扬、创新、改进传统口味，值得一提的是，他在海鲜菜肴制作方面，不断创新品种，不断研究花式冷盘的拼摆技艺。过去很少被人们重视和制作的海鲜菜肴，即使吃，方法也很简单，一般采用煮熟蘸食或红烧、爆炒，周承祖不循规蹈矩，另辟蹊径，用炸的烹调方法，使其形美质嫩，口味鲜美，此种烹调方法深受各层人士喜爱。

经过多年的实践和经验总结，周承祖在各类专业杂志、报纸、技术研讨会上经常发表论文及介绍创新品种。他还写作了《承祖菜谱》一书，收录了富有特色的二百一十六个品种的菜谱，由中国妇女出版社于一九九六年出版发行，全书共二十余万字，深受烹饪界的欢迎，并获得连云港市第四次哲学社会科学优秀成果三等奖。书籍上市后，满足了读者需求，多次再版。

周承祖同志现为江苏连云港市御花园大酒店总经理，中式烹调高级技师，淮海工学院食品工艺系名誉副教授，扬州大学烹饪系名誉讲师，江苏省烹饪协会顾问。他在江苏省烹饪界有较高的影响，原中国烹饪协会副会长、中国烹饪大师、高级烹调技师胡长龄评价说：周承祖对海鲜菜肴的独到想法和制作，具有自己的特点和风格，也形成了中国江苏海鲜菜肴的独特风格，可以说，周承祖是江苏菜的代表人物之一。

周承祖为培养军地两用人才和烹饪技术人才做出了巨大贡献，在他的积极努力下，成立了国内贸易部饮服司烹饪技术培训站连云港分站，他出任站长，亲自给学生授课。他还常年应邀去徐州、南京、苏州、扬州等地授课、考核。所授的课程，既有古今中外的饮食访谈，又有技能授课操作，深入浅出，形象生动，通俗易懂，富有成效，深受欢迎。多年来，他采用各种方法，利用一切机会为部队、宾馆、饭店、机关、工厂、学校培养等级烹饪师、面点师、服务师一万四千余人。学员中，绝大部分同志走上烹饪岗位，有的被派往国外使馆和劳务输出，有的同志在省、市各类技术比赛中获得优异成绩。他手把手传授烹调技艺的百余名徒弟中，有的在本省、市餐饮业和各单位担任领导职务；主要技术业务尖子为本省、市餐饮业的繁荣和发展做出了巨大贡献；有的在国外饮食业的高级宾馆和私营宾馆任主厨，促进了中国和外国饮食业的交流和发展。周承祖以精湛的烹调技艺和强烈的事业心、责任感，曾多次接待多国来宾。近年来，他还多次应邀赴美国、加拿大、意大利等国考察，交流技艺，外方曾多次以高薪聘请他留在国外工作，均被他婉拒。

周承祖还多次出色地完成接待党和国家领导人的任务，受到了上级的多次表彰，他为连云港市规模较大的连云饭店、陇海饭店的振兴、发展做出了巨大的贡献。特别是一九八七年，周承祖调至陇海饭店任总经理，当年扭亏为盈，利润逐年增长，成为全市商贸系统两个文明建设的排头兵，连续五届获得市“经营之光杯”的金杯奖和管理效益奖，陇海饭店也被江苏省评为国有资产保值增值先进单位，被江苏省人民政府和连云港市人民政府授予文明单位，多家媒体均在显著位置报道他，称他为“国有老店的一面旗帜”。

周承祖在烹饪事业上的执着追求和较大贡献，以及对企业振兴、发展做出的显著成就，受到了多方面的肯定和表彰。连云港市经贸委多次评其为“经营明星”，连云港市人民政府两次授予其“劳动模范”的称号。他被省经贸委评为“优秀企业家”，被江苏省劳动和社会保障厅授予“十佳突出贡献技师”，二〇〇二年，他还被国家授予首批“中国烹饪大师”称号。

《美食》杂志 2007 年 1 月 15 日

开创传扬，让海州菜走出国门

胡 茄

在港城厨界提起周承祖“周大师”，无人不竖起大拇指。

作为苏菜泰斗级大师、我国首批“中国烹饪大师”称号获得者，周承祖吸取鲁、川、粤、苏等众派精华，将其巧妙地与多年搜集整理的海州古老菜肴技艺相结合，创造了苏菜中别具一格的海鲜菜独特风格——海州菜，并将其发扬光大，走出国门。

他编撰的《承祖菜谱》，将极富特色的二百一十六道创新海州菜传播全国，获得了读者广泛好评，出版社应读者要求多次再版。他将做人与厨艺思维相结合，毫不藏私地教授弟子，经他培养的厨师已达一万四千余人，弟子授艺相传五代，为苏菜崛起提供了丰富人才储备。

如今的周承祖已经年逾古稀，不过，精神矍铄的他依旧不愿放弃他热爱的事业，被市第一人民医院聘为烹调技术、餐饮管理营养顾问。“很多人小瞧厨师，认为厨艺不过只为做菜果腹，与文明、文化毫不相关。但是，我认为厨艺还是文化的物质化体现，治大国如同烹小鲜，厨艺本身亦人生。”周承祖如此表示。

一道活炒仔鸡名震四方

在著名美食评论家李恩华所著的《厨王》书中，一场“炒飞鸡”的厨艺大比拼看得读者心神激荡。很少有人知道这段厨艺的描写就是源于港城名厨周承祖的真实经历。一九六〇年，我市举办了第一届烹饪技术比赛，周承祖凭借在活炒仔鸡中所展露的一手庖丁神技，震惊了全场，也轰动了全国的厨界。

“一分四十六秒，这是周老师的用时。”周承祖大弟子、蔚蓝海岸餐饮负责人刘文春对于当时的情况印象很深刻。比赛是在南广场体育馆进行的，看台上几百双眼睛盯着几十名厨师同台操作一道菜，评委席上的评委还掐着秒表。

活炒仔鸡又名炒飞鸡，顾名思义就是将一只活蹦乱跳的小公鸡烹饪成菜，厨师需要控制住活鸡，先宰杀，入水烫，拔光鸡毛后取出内脏，清洗内膛，之后切剁成块入锅烹饪成菜，主要考的是厨师综合技艺和对于操作流程的掌握。

一个厨师在熟练掌握操作流程的情况下，完成活炒仔鸡一般需要十至二十分钟，用时五至七分钟的极为少数。在大比武之前，全国各地陆续开展了烹饪技术大赛，当时有一对来自五台山的厨师兄弟就凭着这项活炒仔鸡的手艺轰动一时，他们的最少用时是三分钟。

但是，周承祖的用时仅为一分四十六秒，整个过程行云流水，所有的步骤用时都得到了科学的分配，每一刀、每一勺、每一个动作都没有浪费。当他做菜完毕时，不少观众和评委都还没有反应过来，惊讶得张大嘴巴说不出话。

一道活炒仔鸡让周承祖名震四方，而取得这一成绩的他当时还未满二十岁。

周承祖与厨艺结缘是在五十多年前，年仅十四岁的周承祖被分到了位于新浦老火车站的车站饭店当学厨，在那里遇到了他的恩师卞家才和孙松林。

这两位恩师的来历颇不凡，卞家才曾是军阀白宝山的私人厨师，特别擅长被称作“中正板浦”的中板菜。孙松林则是鲁菜大师，曾在韩国学厨，会做一手地道的韩式料理。虽然思路不同，但是两位老师的教授风格都是同样严格，作为学生的周承祖兢兢业业地学习，丝毫不敢马虎。“做菜就跟做人一样，必须要负责，对自己做的菜不负责，怎么可能把菜做好？”周承祖说。秉持着这一想法，周承祖苦练刀功、火功，为了保证做的菜肴能够到位，周承祖不但自己做菜，就连晚上睡觉还在琢磨做菜的技巧和菜式创新。这是他成功的经验，而做着一份自己喜爱并且能够让自己充满激情的工作，在他看来是成功的关键。

海州菜的开山鼻祖

如果说一道活炒仔鸡让周承祖名震江湖，开辟海州菜这一苏菜海鲜新门派则让他成为厨界响当当的泰斗人物。

一九八三年，连云港的改革开放刚刚起步，连云港迎来了第一批外国客人——乘坐邮轮而来的美国探险家团队，在黄海饭店担任餐饮总厨的周承祖成为招待这批客人餐饮的负责人。如何让这批客人品尝到最具代表性的地方菜？周承祖动足了脑筋，最终他敲定了包括孔雀开屏、莲花海参、油爆乌花、牡丹虾球等在内的八碟八碗海鲜宴全席，将老海州海鲜珍品宴席与创新菜肴有机结合，把全新的一席海州菜呈现在美国探险家面前。

南瓜“养透”精雕成牡丹，手制虾球如同乒乓球落地可弹，莲花海参是在过葱油之后，加汤汁上锅盖后，细雕成六瓣“莲花”，配上用鱼茸点缀的淡黄花蕊，看起来几可乱真。看着一桌色泽鲜艳、香味扑鼻的海鲜宴，这些游历全球的探险家们不约而同放下手中餐具，拿起相机对着菜肴一阵猛拍，根本不舍得入口。一桌古今结合的海州菜让这群探险家对港城和中国餐饮文化留下了深刻印象。

“海州历史悠久，但是海州菜却由于缺乏系统归类整理，一直未成体系。我最佩服周大师的地方，就是他开创了苏菜海鲜门派——海州菜，不但让一批古老的海州菜在革新之后重上餐桌，还创造了一批全新本土菜系，打响地方品牌。”曾任国内贸易部饮服司南京烹饪技术培训站连云港分站站长的董晓明说。

“我就是海州人，对于海州菜充满感情和记忆。让我印象最深的就是用生长在海州墙根下的过寒菜，与四月新上市的小蟹子做的蟹胥就是海州菜的最正宗滋味。”周承祖说，据他介绍，过寒菜作为连云港特有的菜种，主要长在海州古城墙根下，尤其是位于鼓楼与双龙井之间二百米范围内的过寒菜，在特殊的日照、温度下，经过皎洁水滋养，其滋味尤其鲜美，不但营养价值高，口感还极为鲜嫩爽口。“用它熬汤，汤色洁白如奶，这种好东西错过这里再难找到了。”他说。

做蟹胥本身更有讲究。“连云港地产资源丰富，尤其是海产品极为鲜美。每年四五月份都是海鲜上市最好的时节，这时的小螃蟹刚刚出来，最是肥美。”他说，将这种蟹用石臼捣烂成泥，拌上葱姜入味后，放入锅中做汤。不过这些蟹肉并不保留，还是要用笆篱将碎蟹屑捞尽。“不见蟹肉却尽是蟹的香气，鲜美蟹肉的蟹滋味全部渗入汤中，这时再将面蘸在小箸子上一点点扫进锅中，配上过寒菜，这道菜就是上中南海，级别都够的。”周承祖说起家乡菜一脸自豪。

除了改良传统菜品，周承祖还创新了一批海州菜品。“改革开放前后，他在黄海饭店担任总监工作，他给自己定了个目标，每天晚上必须想出两道新菜才睡觉，想不出来新菜就不睡。”周承祖的妻子说。即使如今赋闲在家，他们俩还时常互相点评对方做的菜，提高技艺。

二〇〇四年，我国评选首批“中国烹饪大师”，周承祖荣获该称号，成为江苏省首批获得该称号的四位大师之一。原中国烹饪协会副会长、中国烹饪技师、高级烹调师胡长龄评价：周承祖对海鲜菜肴的独到想法和制作，具有自己的特点和风格，也形成了中国江苏海鲜菜肴的独特风格，可以说，周承祖是江苏菜的代表人物之一。

学员过万成就厨界传奇

二〇一一年七月十日，一场生日庆祝活动在云台宾馆举办，来自全省的烹坛大腕级人物，以及南京、苏州、徐州、淮安等市烹饪协会的会长、秘书长齐聚连云港，让云台宾馆的主厨备感压力。虽然活动由江苏省烹饪协会举办，甚至还安排了座谈活动，但是活动主题只为一个人，就是周承祖。

“当他走进大厅，这些烹饪界的领军人物齐刷刷站起来了，迫不及待地涌向入口，就像看到了仰望已久的偶像明星，想要与他握手、聊天。会上，他们从各自不同的视角和经历，抒发了对周承祖大师高超厨艺、高尚厨德的由衷赞美。”出席这场庆祝活动的周承祖弟子王长征说。

一位厨师的七十岁诞辰会带来这样大的影响，除其自身过硬的厨艺外，还与他悉心教诲、努力培养厨界后辈分不开。

一万四千人，这是周承祖培养的学员数量。

“一九九〇年，当时国家商业部饮服司在全国范围内开展对于特一级大厨的厨艺培训工作。周承祖不但自己被饮服司聘为南京烹饪技术培训站的兼职老师，还为港城争取到了难得的分站资格。”曾任国内贸易部饮服司南京烹饪技术培训站连云港分站站长的董晓明说。

“这个分站资格有多难得？全国可就四家总站，江苏仅连云港一个分站。”董晓明说，当时，全国在北京、成都、广州、南京设立四大分站，分别对于京鲁菜、川菜、粤菜、苏菜的特一级大厨进行再提升。这些特一级厨师都相当于行业中的“博士后”，想要培训这些“博士后”，必须找到更厉害的人物。

为此，周承祖通过各种渠道请来自己早年的授业恩师——担任中国烹饪协会副秘书长的胡长龄大师，请来苏菜科研界领军人物专门编写苏菜原料学教科书的扬州大学烹饪学（系）主任聂凤乔，周承祖自己也拿起教鞭当起了老师。

“学员来自江苏十三个城市，近一个月时间吃住在陇海饭店的两层楼内，半天理论，半天实践，周老师管得特别严，每个学习的抖勺、切菜等手艺是否达到标准都要挨个过关。这个班后来成为初、中、高级厨师培训班，连续开班十六年，造就一批军界、地方烹饪人才，厨艺班培训结束了，还有部分学员选择留在了连云港，这让二十世纪九十年代连云港的苏菜厨艺水平整体上了一个台阶。”董晓明说。

“根据不完全统计，截至目前，周承祖的徒弟已经传至第四代，培养厨师人数达到了一万四千人。这种变化最大地反映在市民的口味上。”市商务局市场处处长、餐饮协会秘书长马志刚说，“以前，连云港市因与山东接壤，做菜是典型的鲁菜风味，偏咸，重油，但是，这个培训班举办以后，港城人口味开始由咸转咸甜，以咸甜的清爽口感和健康荤素搭配为代表的苏菜成为餐饮主流。”

走出国门，海州菜让顶级名厨竖起大拇指

从中国台湾到美国，再到加拿大，国际顶尖大厨胡兵将中餐理念与西方餐饮完美结合，在多国的五星级酒店担任主厨。而当胡兵在加拿大北国山庄尝到了周承祖所做的孔雀开屏后，也不由得为这道花色冷盘竖起了大拇指。孔雀开屏是用二十多种荤素高档食材配料，按照色泽和口味有机搭配而成，将孔雀羽毛的色泽渐变清晰展现而成，尤其是那个孔雀头，雕刻得栩栩如生，羽毛根根分明，让胡兵看后对周承祖的厨艺啧啧称赞，要求帮他与菜肴一起拍照留念。

一九九三年至二〇〇〇年间，在餐饮界名声愈加显赫的周承祖，受邀远赴美国、加拿大、意大利，开始了其与世界顶级名厨讨教切磋厨艺的旅途。富有苏菜意蕴和港城本土风情的海州菜，也随之走出国门，打响牌子。

不只是孔雀开屏，周承祖还将富有特色的连云港名肴花果黄鱼、霸王别姬、莲花海参等名菜带出国门。霸王别姬取用历史典故，以甲鱼和仔鸡为主料，将甲鱼的头和四爪红烧，壳身煮汤后原样摆盘，再用海带、香菇配上卓越刀功，将京剧项羽脸谱展现在甲鱼壳上，使得“项羽”看起来胡须根根分明，样貌活灵活现。活鸡则做成鸡丸，环绕在“项羽”周边，这道菜将中国文化和餐饮美食有机结合，受到好评。外方曾多次以高薪聘请他留在国外工作，均被他婉拒。

一九九六年，周承祖将自己创新研发和收集记录的二百一十六道富有特色的菜编辑成了二十余万字的《承祖菜谱》。这一菜谱的问世受到了餐饮界一致好评，当时负责该书出版的中国妇女出版社多次再版。

“改革开放三十年，也是港城餐饮发展最快的三十年。”周承祖说。在他看来，餐饮是人类文明的重要组成部分，是经济发展最直观体现。改革开放带来的不仅是经济的解放，更是文化的解放。三十年间，连云港的餐饮业从小到大，海州菜也从默默无名走上苏菜前台，再至走出国门，餐饮业的发展验证了港城经济腾飞。

与此同时，餐饮业也为港城改革开放、经济发展带来了巨大推动力。灌云的豆丹，东海的桃林烧鸡，赣榆的海鲜都是连云港的“地方特色名片”之一。仅2014年上半年，全市餐饮业营业额就达到了6.34亿元。

在周承祖看来，连云港做餐饮有着自身得天独厚的条件，一年四季非常分明，山海相拥，既拥有中西部难得的海鲜资源，又拥有平原地区难以获得的山珍，这就为连云港发展餐饮提供了充足食材。此外，连云港作为旅游城市，旅游资源较为丰富，夏季客流量为餐饮消费带来人气。他对于餐饮业的未来充满信心：“港城餐饮未来的前景一片光明。”

《连云港日报》2014年7月29日

周承祖大师：树德立才 从无止境

阿 南

我知道周承祖大师，是在二十世纪八十年代。当时，我与著名美食评论家李恩华合作撰写长篇连载小说《厨王》，他向我介绍周承祖的非凡基本功。活公鸡，现场宰杀，去毛取肉，爆炒成菜，周承祖只用了一分四十六秒，江苏第一。这个菜在小说中，取名“炒飞鸡”。后来，又知道周承祖的爆炒蝴蝶片，从鳝鱼的宰杀、刀功处理到下锅成菜，只用二分二十秒，也堪称奇绝……在普遍忽视基本功、特技厨师不会杀鸡的今日烹坛，我方举这个例子，大概不失为一种隐喻。

我“认识”周承祖大师，是在二十世纪九十年代初。他出了一本书，叫《承祖菜谱》，胡长龄大师为他写了序，在序文中，胡老称“可以说，周承祖是江苏菜肴的代表人物”，这是极高的评价。我认真拜读了这部《承祖菜谱》，确是实践的升华和精辟的点拨，正如胡老序文中所说“初稿时，他写出千余品种，成书时只有二百一十六个品种，其他都被无情地删去……让最好的菜肴品种保存下来。”周承祖的严谨治学态度，对于今天的厨师，应当是一面干净明澈的镜子。

我“熟悉”周承祖大师，是为了一个朋友女儿就业一事。我那位朋友拐了许多弯，才知道要进的那家企业的主事人是周大师的亲戚，以为我会有办法。我便拖着彭东生秘书长一起去，因为算是第一次与周大师正式谋面，我的心情复杂，可用“忐忑”二字形容。谁知，周大师是个面慈心善、随和谦恭之人，当即应承从中帮忙，席间还频向我敬酒。记得那是个冬天，心里的凝冻随之化为一团酒酣微醺的热浪。周大师待人之平和热肠，令我甚是感动。

于是，我开始了对周大师的了解索求之旅。

“‘文革’中，让我改名，我坚决不答应。”

周承祖大师幼年时是苦和多难的，他两岁丧母，十三岁时父亲就去世了。他的父亲曾是上海亚西银行的职员，一九四九年后，父亲到了广州人民银行工作，他也跟着去了广东，一九五五年父亲去世，单位便将他送回连云港，说起那段日子，周大师的眼睛里漫着泪花：“那时穷嘛，棉鞋买不起，只能穿一双五分钱的芦花鞋，就是用芦草花编起来的草窝窝……肚子饿，我从小就会游泳，虾子逮了，生吞下肚。”

命运的这本教科书，让周承祖从小就知道只有靠自己的努力，才能生存下去。十五岁的周承祖成了连云港第一批饭店学徒工，被安排在车站饭店，拜卞家才为师学习红案。十八岁（一九六〇年）的他被派到苏州烹饪学校学习，幼年的困苦经历让周承祖养成了老实肯干、喜欢钻研的良好习惯，深得苏州一帮名厨的宠爱，一代宗师张祖根还特别收他为徒。一九六二年，二十岁的周承祖来到了连云港黄海饭店，是当时的一家高级饭店，他拜孙松林为师，开始了独当一面的厨房生涯。他勤劳做事、低调做人，很快受到师傅的赏识，一年后，师父把女儿嫁给了他，师父成了岳父，“孤身一人”的他住进了师父的家。他工作认真勤奋，做到了厨师长、经理，在黄海饭店干了二十一年。当了领导，周承祖也必下炉子，常常是旁边刷锅打荷的人都跟不上他炒菜的速度。不计时间，不计报酬，潜心厨艺，苦练基本功，他那一分四十六秒杀鸡成菜的神奇就是在这段时间创造的。

出身的苦难，让他懂得做人做事。

出身的背景，却又让他倍受磨砺。

部队招飞行员，周承祖考上了，但政审不合格取消了名额，当兵成为一种奢望。从那个岁月过来的人，都能理解这一切意味着什么，多数人会选择落魄消沉，但周承祖选择了坚强，选择了不屈不挠。“文革”中，他因为这个父母起的名字，而被批判了很久，造反派让他把名字改掉，他坚决不答应。他对批斗他的人说：“我这个承祖，是继承革命传统的承，祖是祖国的祖，我们就是要继承传统，把祖国建设得更美好！”

这在当时，是多么机智而又漂亮的回答。

提起这件事，周承祖大师对我说：“我的心很宽，我从不坑害人，愿意帮助人，从不拆人家梯子，从不妒忌别人……”

这也许就是苦难赠予他的德行和高尚。

“上级调我到陇海饭店，我流下了眼泪。”

改革开放，春风吹拂祖国大地的时候，也把温暖带给了周承祖。十三届三中全会后不久，组织上让他入党。周承祖怎么也不敢相信，因为，为了入团，他曾写了六次申请都未通过，现在可以入党了。这无疑是巨大的鼓舞。入党后，一九八二年，周承祖调到连云饭店——连云港唯一一家涉外宾馆，从副总经理、厨师长做到总经理、党总支书记，仅用了一年时间。周承祖深切感受到组织的培养和信任，放开手脚，带领员工圆满地完成了许多重要的外事接待任务。从一九八三年到一九八七年，那是一段春风得意的日子，就在周承祖描绘连云饭店未来画卷的时候，考验和压力接踵而至。

组织上找他谈话，决定派他去陇海饭店担任总经理和总支书记。

只有服从。

“我父母去世都没流过泪，组织上决定要我去陇海饭店时，我流泪了……”原因是：当时的陇海饭店严重亏损。

一个字，穷。

餐厅找他，没钱买煤炭，库里没米面，粮票“卖了”，服务员已经三年没有做工作服，只能穿旧的，两块多钱的洗理费发不起，更谈不上附加工资了。

周承祖硬是咬着牙挺了过来，借米借煤，先运转起来。带领厨师提升菜品质量，改变形象，动员全体员工加强管理，誓打翻身仗。他让自己的朋友从无锡过来，给全店员工每人做了四套漂亮的工作服，鼓舞士气，树立信心。他自己“日夜扑在工作上，从来不休息”。

不到半年时间，企业转亏为盈。

“原来定的是当年扭亏，不到三个月，就到指标了，三万，不到半年提高到七万，到年底变成了十万。一九八八年下指标是十五万，我非要完成二十万，那个时候，宴会标准也就是一个人二十来块钱……”

在国有体制“计划不如变化，变化不及电话”的鞭打快牛式管理中，周承祖没有任何怨言，他把压力当作动力，以回报组织对他“出身不好”的信任和重托。

一九九二年，他带领一班人“扩大地盘”，开了龙凤居酒楼，两年就收回成本；一九九三年又搞了个面积一万两千平方米的陇海商城，一年就收回投入；他还将陇海饭店沿街及朝路的地方，全改成门面房，一年有数十万元的收入……

周承祖是在陇海饭店退休的。

他告诉我："陇海饭店的退休职工，拿的退休工资要比其他地方高出许多。"

十五年在陇海的打拼，奉献出一方滋润。

现在，周大师如果再回忆当时的流泪，应当算是提前的"喜极而泣"。

"他们都说我是连云港唯一的御厨。"

周承祖大师讲的"他们"，是指整个连云港的餐饮业界和食客。一方面，是对功力过硬、厨艺超群的周大师的褒奖；另一方面，是因为周大师退休下来后，开了一个店，名字就叫御花园大酒店，生意十分火爆。他料理的红焖羊肉取法河南，借鉴川味，本地香料，主料内蒙古，秘法烹制而成，成为羊肉红烧类中的极品；他处理的刺身海鲈鱼，新鲜夺人，上桌时鱼的嘴巴和眼睛都还在眨动着，成了借用本地原料、创新广式吃法的一绝；他打理的豉油生炝黄豆芽，虽用料普通寻常，但方法独特，连汤取味，佐料讲究，将一味家常菜做成争相举箸的上品……可以说，周承祖大师超越了自己的《承祖菜谱》，借鉴融合，引领潮流，屡有创新，称他为"御厨"，一点也不夸张。

古人讲"六十方知书"。早在年轻时就在厨艺上有"乡曲之誉"，四十来岁变著书立谱，荣获"江苏省特殊贡献技师""中国烹饪大师"的周承祖大师，退休后，一直把古人的这句勉励作为自己前行的动力，一如年轻时从厨学艺那样，悉心钻研，毫不懈怠。要知道，他们高徒数千，授课学生数千，可以闲享滋味，坐拥半肴了，但周承祖大师却并非此等俗人，整天脑子里仍在思考着，并且时常动手来试菜。

他这样对我说："我们菜有许多长处，但讲究造型是我们的弱项，导致新鲜度和速度出现不足。江苏菜要借鉴广帮的鲜活、川菜的调味以及鲁菜的火功，结合他帮之长，更能凸显江苏菜追求本味的特性，真正实现一菜一味，一菜一格……"

他举了一个例子："我到云南西双版纳，人家上了一道木桶蒸饭，这是个菜点结合的，每人上了一个小木桶，里面的米饭只有鹅蛋大小，这给了我很多启发。我们待客，往往热情过分，梭子蟹每人一只（一只要有半斤重），哪能吃得下嘛，粗犷是好的，可是粗犷并不代表粗放，弄不好就成了粗野、粗俗。烹饪是精细文化，讲究味的同时，要讲究量、质、品、趣、养，我再加上一个节，就是节制，用现在的话，叫度。中式餐饮的浪费是个普遍的问题，我现在就是想通过烹饪方法的变化，来解决这个难题，让菜给客人都吃掉又不失'面子'，这是我这一代和几代厨师的责任，资源有限，节约是德呀，老话讲，穷得志气，饿得新鲜，不就是这个道理呀……"

周承祖大师快奔七了。

弟子们张罗着要为他办七十寿诞。

他想躲，躲寿。

看来是躲不过去了。

我知道，他在心里还不相信自己已近古稀。

我看着周大师那张容颜红润、精神矍铄的脸，听着他犹如洪钟般的嗓音，心里琢磨着，忽然凑起了一副对联——

承大味调鼎一生寻友觅真犹在进取

祖上品清和七十树德立才并无止境

届时，我会奉上。

《美食》2011年7月

大师周承祖的烹饪江湖

记者　陈婕

俗话说，“有人的地方就有江湖”，而有江湖的地方就一定有技艺的比拼，身怀绝技的人自然就是江湖中的传说，比如，已经荣膺元老级注册中国烹饪大师的周承祖。他在港城乃至世界的烹饪江湖中都曾留下传说……

困境逆袭 传奇人生

与许多名震天下的大侠一样，周大师的身世也是一波三折，他出生在老海州城的名门周家，两岁时便失去了母亲，因为继母对他很好，所以他年少时也曾过着少爷的生活，然而社会与时事的变动却总是让人猝不及防，在他十岁出头的时候，他的父亲遭遇了不幸，而他的生活也在一夕之间大变样。

一个养尊处优的少爷忽然就变得一无所有，生活困顿到了极点，为了生存下去，也为了给苦苦支撑的母亲减少一些负担，年少的周承祖开始出去做工，以求获得微薄的薪水补贴家用。他的勤勉为他获得了改变一生的机会。那就是在他十四岁的时候，获得了一个学厨的机会。“当时，在海州老火车站旁边有一家车站饭店，很有名。一九五七年，管我家那片的一位姓钱的民警，见我做事认真，生活困难，就介绍我到那里学厨。刚开始去的时候就是打下手、做小工，因为之前吃过苦，所以我更珍惜这个机会，关键是在车站饭店学厨，每天能吃饱，有住的地方，还有工钱，这对于当时的我来说，简直是一份太好的工作机会。”这个如今已经可以算是在烹饪江湖中“封王”的元老级大厨，在回忆起那段艰苦的时光时，依然带着温暖的笑容。

经历过一般人不曾经历的巨变，勤勉与钻研成了周承祖做任何事情的基本态度。在车站饭店做小工时，无论接到的工作指令是什么，他都甘之如饴，踏踏实实地把事情做好。这份认真的态度让他入了当时车站饭店的两位大厨的眼，也就此开启了他在烹饪江湖的传奇人生。

这两位大厨一位叫卞家才，一位叫孙松林。都说大隐隐于市，这两位便是如此，虽说只是在小小的车站饭店里做厨师，可这两位都是当时的大师级厨师，而且都有自己的绝活。

“卞家才曾是军阀白宝山的私厨，制作的板浦特色菜可谓一绝，而孙松林则是一位不折不扣的鲁菜大师，早年还曾在韩国学厨，所以做菜也是别具一格。我当时有幸得到两位大师的指点，学了一身做菜的本事。”说起两位启蒙恩师，周承祖至今仍然带着深深的感激与尊重。

在他的心里，后来能够在烹饪界闯出一番名声，最终成为元老级大师，与这两位恩师的启蒙与倾心教导密不可分。

天下武功 唯快不破

侠士的江湖里有武功的大比拼，种种神功的传承都认为自己才是天下第一，然而通过长时间的实践，他们发现“快”是武功中最重要的，同样的技巧招式，最快的那个才能赢。这个道理在烹饪江湖中也是行得通的，元老级注册中国烹饪大师周承祖，便是以一个“快”字出道，并逐渐扬名江湖的。

“我的父亲是个很有才华的人，小时候他就教导我们做人的道理，在我的心里，做菜和做人一样，一定要有责任心，一个人只有对自己、对他人负责，才能算是个正经的人，而我们做菜也必须对菜负责，否则不可能做出好菜来。”

为了对自己负责，也对自己做的菜负责，年幼的周承祖白天跟两位恩师学习，尽量多做多练，晚上就默默琢磨着师父们教的技巧，在脑海中一遍一遍地回忆、重复，把基本功练得非常扎实。

就这样，两年后，十六岁的周承祖顺理成章地等来了让自己名震江湖的机会。那一年，市里举办了第一届烹饪技术大赛，其中有一项考核厨师基本技术的比赛项目活炒仔鸡，要求厨师以最快速度把一只活蹦乱跳的小公鸡宰杀、处理，烹饪成菜。

从活鸡到菜肴，要经过宰杀、放血、脱毛、开膛、净膛、切块、下锅等多道工序，一个熟练的厨师单人完成全部过程一般需要十到二十分钟，手速特别快的厨师最快也要五分钟以上。可年少的周承祖参赛时仅仅用了一分四十秒，参赛过程可谓行云流水，一套动作下来看得众人眼花缭乱，仿佛前一刻小公鸡还在啼叫，下一刻已经成了一盘香喷喷的美味。

正是这个在当时几乎超越了厨师极限的烹饪速度，让周承祖当时不仅仅是获得了连云港的第一名，甚至在后来被证实这还是江苏省活炒仔鸡第一快。这个第一让周承祖在烹饪界名声大振，也让他获得了前往苏州市烹饪学校进行专业学习的机会。

后来，他的这次比赛过程甚至被著名美食评论家李恩华借鉴，用在了他所著的《厨王》一书中，那段关于炒飞鸡的厨艺比拼描写，看得读者血脉贲张，激动不已。

开山立派 桃李满园

凭着活炒仔鸡的惊人速度进入苏州市烹饪学校的周承祖，在学成归来后，便成为当时著名的黄海饭店的主厨，这一干就干了二十三年，从主厨干到了经理。

凭着勤勉认真和负责任的态度，周承祖大师一次又一次为自己赢得烹饪江湖的地位。像所有功夫高手一样，当自身学习了大量的技艺之后，周大师不再满足于学习前人的技巧，他迫切地想要开创属于自己的江湖门派。

于是，一个新鲜响亮的烹饪门派在连云港诞生了，那就是周大师的海州菜。严格说来，这是一个苏菜海鲜新门派，它打破了海鲜单一的烹调方式，融入了煎炸烹炒等多种手段来制作海鲜，同时又带着老海州独特的风味。

这个全新的海州菜的诞生，源于一九八三年周承祖接到的接待外宾任务。当时的他已经成为我市烹饪界的领军人物。“当时，我就接待了连云港的第一批外国客人，那是一个美国探险家团队，我主要负责这批客人的餐饮。”为了让他们吃到地道又美味的地方菜肴，周承祖选定了各种地方海鲜作为食材，又在烹饪方式上绞尽脑汁，最终敲定了一份八碟八碗的海鲜宴，其中的经典菜式奠定了新式海鲜门派海州菜的基础。

这份海鲜宴有南瓜和虾肉制作的牡丹虾球，有海参与鱼茸制作的莲花海参，还有各种色香味俱佳的海鲜大菜，当这桌海鲜宴出现在探险家面前时，他们都被折服了，这桌菜深深地震撼了美国探险家，让他们对港城的餐饮文化印象深刻，今生难忘。

“在许多人的心里，厨子就是伙夫，就是做菜的，在我的心里并不是这样想的，烹饪和餐饮也是有文化传承的，把地方文化和地方特色食材结合起来，吸取各家烹饪门派之长，开创出新的菜式，是我最想做的事情。”或许这就是大师和普通人的区别，“吃”这件事情，在烹饪大师的眼里有着传承文化的责任。

创立了新式海鲜门派海州菜，周承祖已然是烹饪江湖的泰斗了，收徒与传承技艺便成了顺理成章的事情。多年来，周大师的亲传弟子和开设培训班授课的弟子有上万人，这众多的弟子不仅将他的手艺、他的海州菜传承了下来，甚至在悄悄地改变港城人的口味。

原来港城的菜大多是鲁菜，无论是饭店还是普通人家做菜，都是偏油偏咸的重口味，随着周承祖的海州菜门派弟子越来越多，港城饭店的大厨中出现大量苏菜大厨，而港城人的口味也跟着慢慢转变。

此时，早已经在港城烹饪界“封王”的周承祖，逐渐开始把港城的饮食文化和烹饪技巧推广到了国际上，从一九九三年至今，周承祖把富有苏菜意蕴和港城本土风情的海州菜带到了世界各国，在此过程中，他不仅与众多世界顶级大厨切磋交流，更是打响了海州菜在国际上的名声。

如今，已然成为中国元老级烹饪大师的周承祖，与那些功夫已臻化境的高手一样，进入了返璞归真的境界，他把传说留在江湖，自己却做了第一人民医院的营养顾问。日常除了指导医院食堂的大厨用饮食帮助病人调理身体，就是在家总结一生的成就，提炼自己的烹饪精华。

“我要总结出一个承祖宴，浓缩我这一生的菜式精华，现在已经想好了八道大菜，活炒仔鸡、水炒韭菜、莲花海参、红焖羊肉、鸡汁琵琶虾、孔雀开屏、霸王别姬。”这就是大师的理想。

这也是一个厨王的精华菜式，我们等待着它问世的那一天。

《苍梧晚报》生活版 2019 年 7 月 1 日

第十三章

荣誉和称号

多年来，周承祖为企业的发展、连云港市的振兴做出了不可磨灭的贡献，曾多次被评为市人大代表，获得市劳动模范、江苏省技术能手、连云港市优秀共产党员、江苏省经营明星等光荣称号。一九九〇年起，他被聘为扬州大学烹饪工艺兼职副教授、淮海工学院烹饪专业副教授、南京烹饪技术培训中心讲师、江苏省烹饪协会常务理事、江苏省饮食业高级技术职称考评员。受到《连云港日报》多次表扬，及连云港市广播电台、连云港市电视台的报道。

一九九〇年，被江苏省商业厅授予“优秀企业家”称号。

一九九二年，获得特一级中式烹调师技术职称。

一九九五年，被江苏省人民政府授予“突出贡献技师”称号，经考核被国家劳动部评为中式烹调高级烹调技师。

一九九六年，被江苏省总工会授予“优秀技术能手”称号和江苏省立功奖章。

一九九八年，个人传略及有关菜肴入选《世界名厨》（中国卷）、《中国名厨大典》。

二〇〇一年，被国家授予“中国烹饪大师”称号。

二〇一〇年，当选为江苏省餐饮行业协会资深专家组成员。

二〇一一年，被江苏省烹饪协会授为“诚信金鼎”终身成就奖。

二〇一二年，被连云港市烹饪行业协会聘为理事顾问。

二〇一四年，被中国食文化研究会聘为餐饮专家副主任委员。

二〇一五年，被聘为江苏省商业服务业专家委员会专家委员、连云港市食文化研究会第一届理事会名誉会长，被江苏省餐饮行业协会聘为专家组成员，被江苏省餐饮行业协会任命为名厨委员会顾问。

二〇一六年，被江苏省商业厅授予“江苏美食工匠”称号。

二〇一七年，被聘为连云港市厨师协会专家总顾问。

二〇一七年，被中国烹饪协会授予元老级注册中国烹饪大师称号。

从一九八〇年起，其所在单位多次被评为连云港市先进单位、连云港市明星企业，在连云港市商业系统开展的经营之光杯劳动竞赛中连续五届被评为“经营之光杯”明星企业，多次荣获连云港市商业系统的银杯、金杯。

第十四章

八大代表菜品

活炒仔鸡

这道菜采用农家当年仔鸡（雄鸡），体重在两斤半左右，鸡体雄壮，精神包满，是现杀现烹的一道菜肴。

为什么叫活炒仔鸡？就是要当着食客的面，现杀鸡、现上锅烹制。仔鸡就是小鸡，是当年的鸡、还未长成的鸡。按理说，仔鸡就是连骨头烹炒的，滋味更美，口感鲜嫩，喜欢吃辣的食客可以品尝到鲜辣椒和仔鸡混合在一起的味道，那是一种特有的清香鲜美——仔鸡的肉嫩味和鸡骨头的脆香鲜味，还有初夏季节新鲜辣椒刚上市的清嫩感觉。我们知道，刚上市的辣椒色泽碧绿，又不是很辣，吃起来特别味美又清香。

厨师从后厨手中接到菜单后，现场宰杀雄鸡，速度要快，做出来的成品保证鸡肉滑嫩、青椒碧绿、味道鲜美。

两种做法如下：一种就是取活鸡的两块脯肉，这时，鸡还未死，能走路跑跳。取下的两块鸡脯肉，足够一盘炒仔鸡。另一种方法，将一只活鸡现杀现烫后，去毛去内脏，清洗干净，取鸡脯和鸡腿经刀功处理，加以葱姜蒜和青椒、洋葱等配料，上炉灶烹制而成。

一九六〇年初，连云港市商业系统在市体育馆（草棚球场）举行全市职工技能大比武，我获得的两个指定项目第一名，一个就是活炒仔鸡，另一个是生炒蝴蝶片。

活炒仔鸡烹饪流程如下：

一、准备食材、配料、调料：

1. 活公鸡一只（约重二斤五两）。

2. 配料：葱段、姜块、蒜头一只、青椒三个。

3. 调料：白糖、醋、料酒、酱油、胡椒粉、味精、精盐、老抽、红油、生粉、花生油、芝麻油。

二、开水一桶、冷水一桶、空盆二个、大碗二个、菜盘二个。

三、炒锅一只，配备灶台。

四、配菜台面：砧板一个、厨刀一把、尖刀一把、剪刀一把、抹布毛巾二块（其中一块抹布是消毒毛巾）。

比赛现场配有一名监督员，负责检查比赛项目的材料、核对参赛人员和工作服装是否整齐，还有三名计时人员、多名记录员。比赛开始前，选手自己先兑好烫鸡的热水温度，检查灶台和配菜案板上的刀具、食材和配料。

比赛开始，指挥员的哨声一响，计时开始。选手的左手紧握一只雄鸡，右手开始宰杀、烫毛，然后去毛，取内脏，上案切配；到炉上，锅热入油，先烹鸡丁，再入配料，加入调味料，翻锅至熟，菜肴很快完成制作。计时员的秒表一致报时：全过程一分四十六秒。经过评委的验证（鸡毛是否干净，剩下的鸡肉、配菜的使用，灶台的卫生，口味质量的评比），我获得了本次大赛的第一名。

第二道菜肴是生炒蝴蝶片，它的主料是大的活黄鳝，每条重量在六两多，两条一斤多重。比赛规定，选手自己宰杀黄鳝鱼，先除去内脏，再用刀取出鳝骨和头尾，然后用刀片成蝴蝶片（一刀不断，第二刀断），每块鳝片是两片，但中间是连着的，鳝鱼经过划油后，自然蜷缩成蝴蝶形。鳝鱼的脊骨取出后，中间是凹下去的，经过刀功片后，很像翅膀。配菜台上事先也会提前准备一些调料、配料，任选手选用。

比赛开始，指挥、监督员、计时员以及相关工作人员都认真到位。指挥员的哨声一响，计时开始，两条大黄鳝在选手的手中被飞快地宰杀，取出内脏和脊骨，片成一盘蝴蝶片，立马配以现场准备的嫩洋葱心、大蒜头、鲜辣椒。用特快的速度转向炉灶，早已准备好的炒锅将蝴蝶片过油，下调配料，翻锅烹炒，大功告成。这道生炒蝴蝶片用时一分多钟，经评委裁定，我又获得了本次大赛的第一名。

本次大赛，我获得两个项目的“第一”，市里决定推荐我到苏州市烹饪学校学习，助我跨出了人生道路的第一步，为今天成为元老级注册中国烹饪大师奠定了坚实的基础。

猛虎下山

这道菜形似猛虎俯冲，嘴里还发出强烈的吼声，通过烹调的手段，形象化地传达给食客，增加就餐热烈的氛围。

此菜造型美观，色泽红润，味道酸甜，当菜肴端上餐桌时，紧跟着的厨师双手各端一只炒锅，左手端的是一只热锅，烧得很热，锅里有二两热油，右手端的另一只炒锅也是很热的，有熬制好的番茄酱糖醋汁。此时，执锅的厨师立马将右手炒锅的卤汁往左手的热锅里一倒，随即，将啪啪作响的卤汁浇在热鱼上，顺便在卤汁上撒上滑溜好的大虾仁，即成。

烹制猛虎下山这道菜，首先讲究的是刀功，鱼扇的肉要片好，鱼肉片的深度要到位，要深至鱼皮，再用剪刀处理鱼肉，要细心，鱼花要粗细均匀，深度一致。第二就是上火入锅炸制，炸制前先把鱼的水分用洁巾吸净，然后粘滚上干粉，投入七成油锅中炸制，要将鱼尾先翻转过来，用竹夹将两扇鱼花夹好，在油锅中炸透。鱼头下巴剖开，粘滚上干生粉，入油锅一同炸制。第三就是调汁，这个环节很重要，决定了菜肴的口味，调味料选用冰糖、柠檬汁、番茄酱和白醋。要特别掌握好酸甜度和色度，一定要达到酸甜适中、汁浓质亮，看上去就有食欲感。第四就是讲究装盘，装在盘中要像真老虎一样，鱼头有点“回头看”的感觉，摆好鱼身，似一只栩栩如生的“老虎”，黄鱼头本身大，油炸后，鱼嘴大张，确实有点凶猛的感觉。

做好此菜一定要把握好时间，需要上菜时才开始上粉，现炸现拍粉，不能提前拍粉，否则会相互粘在一起，影响造型；入锅炸制时要严格掌握好油温，待整条鱼炸至色金黄、质酥脆时，即可出锅装盘。

糖醋卤汁在熬制过程中，适时地加入番茄酱和柠檬汁，为了突出强烈的酸甜味道，适当加少许精盐，不能多。当糖醋卤汁浇在整个鱼体上时，把事先准备好的萝卜“王”字，贴在黄鱼的额头上，撒上溜好的大虾仁，即成。

此菜特点：头昂尾翘，肉似菊花，色泽红亮，味道酸甜，造型美观如猛虎下山之势。佐酒佳肴，老少皆宜。

一九七八年，我在连云港市第一招待所迎接日本堺市访问团一行，设计的宴会菜单里就有这道菜。日本堺市与我市结成友好城市，日本方面这次来访的有十几个人，吃住都在市一招，我被调来协助接待，从早餐到中、晚餐，市政府领导要求我们一定要高度重视，认真负责，对所有菜点要精心制作，讲究卫生，各种食材从源头开始严格把关，要求新鲜、营养、无毒无害，杜绝腐烂变质食物进入餐厅，坚决防止食物中毒。领导还要求我们，一定要把我们连云港市的菜肴特色体现出来，烹制出我们港城的特色和地方风味。这次接待任务中，我负责菜单设计、原料采购、计算原料、厨师安排。最后圆满完成接待任务，受到了日本朋友的一致好评。

这次制订的菜肴中，除了猛虎下山，还有叫花鸡、鱿鱼雪蛋、蟹黄鱼肚、咕咾肉松球、鸭包鱼翅、一品冬瓜和四道小点心——紫菜海鲜包、虾皮萝卜丝饼、五个月饼、肉松青团。

梅雪争春

这道菜品是一道甜菜，是创制于一九七〇年的新菜品。此菜由各种水果和鸡蛋组合而成，美观漂亮，非常好吃，特别在天热的季节，食用此菜时，能从心里感觉到凉爽。

把鸡蛋清打成发蛋后，上笼蒸熟，再覆盖在各种水果上，然后，在雪蛋上撒上白砂糖，形似“雪花”，再点缀上一朵鲜花，配以几片鲜菜叶，好似一朵鲜花插在冬天的雪堆上，给人一种凉爽的感觉。特别在炎热的夏季，食客一见到此菜，心里就有一种凉意，很舒服。

二十世纪六七十年代，我市很多家庭，逢老人过寿、孩子结婚及一些喜庆宴席，一般不去饭店设宴，一来是不方便，那时不像现在交通便利，那时候全靠步行，饭店、酒店离家虽然相隔不远，但还是不方便，尤其是部分亲戚住在农村，进城更不方便；二来下饭店比较贵，况且剩下的饭菜也不好回收，比较浪费。想来算去，不如在自己的家门口搭上一个大棚子，拉上一块大帆布，在自己的家院子里，请人帮助支上一个炒菜的大灶，放上一口大锅，烧上一锅骨头汤。大锅还可以焖上一锅大米饭，可供几百人午、晚餐用。用破旧的人铁桶，从中开一个炉口，中间架上几根铁棍，即成炉条，周围放上几块砖头，糊上烂泥巴，就成简易的铁筒炉子，成为炒菜炉子，在家院里摆上二张空床，就是配菜的水案子，上面放着十几个盆，里面放些鸡鱼肉蛋，牛羊肉、狮子头，虎皮肉，及水泡好的香菇、竹笋、木耳、黄花菜和发好的海产品，如海参、鱿鱼、籽乌、虾米，还有各种做冷菜的食材，如油炸花生米、香肠、松花蛋、白斩鸡、酱牛肉、卤猪肝、猪口条、糖醋排骨、海蜇头、泡萝卜、炝藕片，等等。

连云港的婚庆喜宴分中午和晚上，中午多数是家中的农村亲戚，住得远，交通不便，吃完喜宴就回家了，一些重要的近亲当天不回去；市区的多数都安排在晚上喝酒，不管喝到几点，喝完酒后还要闹新房，要闹到半夜三更。

家主为了安排好桌数，有的把自家住房腾出来，摆上桌子；有的向邻居家借用房子，一借好几家，摆放酒桌。家主在自己的家院和邻家的房子里一共能摆上三四十桌。在新浦街，这样摆喜宴的人家不在少数，我经常被他们请去上门做喜宴，带上一个徒弟，加上家里主人的亲戚，一齐上阵，一忙就是两天。头一天准备食材，该油发的、水发的，都在第一天完成，第二天就是忙着开桌了。当然有需要提前几天就准备的，像发海参就必须提前三、四天就开始准备。关于餐具、酒具、厨具及烹调方面的工具和餐桌、坐凳就告知主家，充分做好准备。

梅雪争春烹制方法：

主料：鲜鸡蛋。

配料：鲜菠萝、苹果、橘子、山楂糕、糖桂花、去皮山药、菠菜一棵、心里美萝卜一个。

调料：白砂糖、蜂蜜、干生粉。

方法：

1. 先将山药切成小段上笼蒸熟，把处理好的苹果、橘子、菠萝、桂花全部扣入蒸碗再入笼，加入蜂蜜，用中火蒸约二十分钟，待用；

2. 用小刀将心里美萝卜雕刻一朵月季花，把菠菜修好，用清水浸泡，待用；

3. 用小刀将山楂糕雕刻成十块佛手块，以备装盘用；

4. 先把新鲜鸡蛋清与黄分开，蛋黄用竹筷搅匀后，加入白糖和少许水淀粉调匀，下入温油锅炒成梅花状片（以示“梅”），盛盘待用；

5. 取大圆盘一只，将笼里蒸好的各种甜口一同扣入盘内，上放“梅花”；

6. 将鸡蛋清打成发蛋，加入少许干生粉，入笼蒸片刻，即可将发蛋覆盖在“梅花”上，四周摆放“佛手”山楂糕，撒上白砂糖（似雪），于顶面上点缀上菠菜和月季花，即成。

特点：色彩鲜艳，入口香甜，美观、漂亮。

莲花海参

海参又名沙噀，在生物学上属棘皮动物海参纲。我国出产的海参大约有二十种可供食用。从广义上讲，我国南北海域都出产海参，但质量差异甚大。越往南，海参的种类越多；越往北，海参的品质就越好。古人一般以海参是否有刺而名其细类。如《本草从新》说："有刺者名为刺参，无刺者名为光参，也称无刺参"，而尤把刺参当作海参珍品，将它排在鱼翅、鲍鱼等海八珍之首。我国山东半岛海域出产的海参是刺参类中的灰刺参，体壁厚而软糯，营养丰富，是我国食用海参中质量最好的一种。

现在市场上的海参基本上有两种，一种是干海参，另一种是盐渍参（半干参），现将海参的发制方法介绍如下：

一、干海参发制方法：

1. 用温水将干海参泡软。

2. 将海参放入无油的凉水锅中慢火煮约二十分钟（保持不要沸腾，所煮的时间视参质而定）。

3. 将海参捞出冷却后，顺切口剪开，除去沙嘴，剪断筋，用凉水洗净。

4. 用手指逐个掐海参侧面的肉，把能掐透的海参选出放入凉水盆内，不能掐透的放入锅内加凉水慢火煮，这样反复进行，直至每个海参都能掐透为止。

5. 将能掐透的海参放入盆中，加凉水和冰块，放入冰箱冷藏，每二十四小时换一次水，发泡两至三天后即可食用。

6. 将发制好的海参用塑料袋单只装好，放在冰箱中冷冻储藏。

二、盐渍参（半干参）发制方法：

1. 将海参顺切口剪开，除去沙嘴，剪去筋，用凉水冲洗数遍。

2. 将海参放入无油的凉水锅中，慢火煮四十分钟（水不要沸腾）后，将煮海参的水倒掉，把热开水倒入盛海参的锅内，加盖焖泡四到六小时以上。

3. 将海参捞出，用凉水冲洗。用手逐个掐海参侧面的肉，把能掐透的海参选出，放入凉水盆内，不能掐透的放入锅内，加凉水慢火煮，这样反复进行，直至每个海参都能掐透为止。

4. 将能掐透的海参放入容器中，加凉水和冰块，放入冰箱冷藏，每二十四小时换一次冰和水，发泡两至三天后，即可食用。

5. 已发制好的海参用塑料袋单只装好，放在冰箱中冷冻储藏。

三、泡发海参中注意事项：

1. 泡发海参的容器要讲究，要用铝锅或不锈钢盛器，由始至终要清洁无油。

2. 泡发海参的水质要求很严，不能用自来水，要使用纯净水泡发海参，营养易吸收，泡发个体较大。

3. 泡发海参的时间，要根据海参的大小及数量适当延长或缩短，一次泡发海参的数量不宜过多，最多不要超过一周的量。

4. 摘除海参的壁内筋，是为泡发个体大，海参的筋非常有营养，千万不要扔掉。

关于海参的吃法和每天吃的量：

1. 可以用开水焯下水后，捞出蘸以调料食用（根据个人喜好）。

2. 可炒，可烧，可煮汤（配料也随个人喜爱）。

3. 海参的营养价值相当丰富，过量食用，得不到好的吸收，反而会加重身体的负担。

4. 我推荐的食用方法是：一个人隔一两天食用一只海参，或全家人每天共同食用一只海参。

莲花海参这道菜，是一九八一年江苏省商业厅首次在全省范围特级烹调师考核中出的一道菜肴。这次考核要求每位晋级的厨师，独立制作一道花式冷盘，两道规定热菜，其中一道是鸡粥鱼肚，另一道是油爆鱿鱼卷。冷盘的各种卤货都是评委会统一安排的，每位考生厨师的原料都是一样的，放在一个食品方盘里，这个花色冷盘的各种荤素卤料有十种，规定在六十分钟内完成，具体什么款式，你自己掌握，既要掌握时间，还要考虑原料。我们这班考生基本上都认为，六十分钟完成一个什锦冷盘完全够了。我当时在规定时间内完成了这道什锦花拼，刀功、色彩、造型上掌握得比较充分，完成得很好。两道热菜的主料是一包干鱼肚、一袋鱿鱼干。在考核的前一天，评委会把干货先发给你本人，同时也发给各位两个盛器，发制方法自己决定，有的将鱼肚采用油发的方法，发好后再水浸泡，待次日再做鸡粥鱼肚，也有的用水发鱼肚的办法。我感觉鱼肚水发的口感不是很好，油发的吃起来口感好，吸卤汁好，味道鲜美。

两道热菜的主辅材料都由考生自备，调味料除特殊调料以外，都由组委会提供。我的两道自选菜一道是莲花海参，另一道是鸡汁枇杷虾。

莲花海参的制作全过程如下：

原料：

1. 主料：水发刺参六百克，鲜鸡蛋十只，鸡蛋清一只，虾茸一百克，熟火腿（瘦）一百克，鸡清汤一千克。

2. 配料：玉兰笋片一百克，嫩花菇五十克，葱白段一百克，姜片二十克，青菜叶十枚（开水焯过），豌豆七十粒。

3. 调料：鲜蚝油五十克，绵白糖二十克，酱油二十克，绍酒五十克，味精五克，湿淀粉、芝麻油少许，花生油二百克。

制法：

1. 先把海参清洗干净后，用刀把海参一剖两开，放入鸡汤内焯透，待用。

2. 鸡蛋煮熟后去壳，在一端用雕刻刀雕成一朵六瓣荷花蛋，鲜虾茸斩成茸放入碗里，加鸡蛋清和一些盐水调匀。豌豆粒入开水焯后入冷水晾凉。火腿切成十片荷花瓣形的花，待用。

3. 炒锅上火烧热，入油，放入葱段、生姜片炸出香味，投入海参、玉兰片、花菇片，加入蚝油、酱油、白糖、绍酒，烧透备用。

4. 将虾茸分别酿入十个荷花蛋上，并在每个蛋的虾茸上镶上七粒豌豆粒，上蒸笼用小火蒸五分钟；

5. 将烧制好的海参，整齐切好，码在扣碗里，先码海参，再码玉兰笋片和鲜香菇，然后倒入汤汁，入笼蒸三十分钟，即可出笼。碗中卤汁入锅用湿淀粉勾成琉璃芡，待用；

6. 取大圆盘一个，先将蒸锅中的海参取出，扣入大圆盘中央，周边摆上十片青菜叶，上放十个荷花蛋，另在荷花蛋中间（间隔）放入火腿的荷花瓣，最后在莲花海参上浇琉璃芡汁，即可。

此菜特点：食材营养丰富，造型鲜艳美观，海参软糯滑嫩。

鸡汁枇杷虾

这道菜品乍一看是一幅画，像是一组新鲜的“枇杷”水果。装点上一枝枇杷叶子，更加栩栩如生，上桌时，再用熬制好的浓鸡汁调好味，芡汁对好后，浇在“枇杷”上，此菜就大功告成啦！

一九八一年，我参加了江苏省首批特级烹调师晋级考核，每位参考人员必须要烹制两道自选品种。我的两道自选品种是：一个是莲花海参，另一个就是鸡汁枇杷虾。

鸡汁枇杷虾采用新鲜对虾与少许肥膘泥，分别斩成茸后加入调料入水，氽成“枇杷”形状大小的丸子后，粘上鸡蛋液，再添上熟鸡蛋茸，用熟火腿和小木耳做成“枇杷”的杷根和嘴。上笼用中火蒸熟后，装盘点缀绿叶及菜名，落款印章，即成。此菜整体效果让人心情舒畅，品是菜品，但却像一幅画，让你舍不得下筷。

烹调制法：

一、原料：

1. 主料：鲜对虾三百克，猪肥膘一百克，鸡蛋清两只，鸡蛋六个，熟火腿一百五十克，小木耳二十朵，去皮荸荠五十克。

2. 配料：葱段二十五克，姜片二十克，浓鸡汁三百克，水发海带一百五十克，红萝卜皮一百克。

3. 调料：精盐、味精、绍酒少许，湿淀粉十克，芝麻油十克。

二、制法：

1. 先将虾仁取出虾肠，用清水洗净，与猪肥膘分别斩成泥，荸荠切成细末。将虾茸、肥膘泥、荸荠末与鸡蛋清、葱姜汁及五十克鸡浓汤、味精、少许绍酒、干淀粉一起搅拌成稠黏糊状，待用。

2. 鸡蛋下锅煮熟后，取出蛋黄，凉后，用细筛碾成细末后滚满虾球，用小刀把熟火腿切成“枇杷”的根把，镶在“枇杷”上，点上小木耳，即成“枇杷”的嘴，上笼小火蒸熟取出。

3. 取大圆盘一只，把蒸好的“枇杷”自然地放在盘中央，把用海带雕刻好“硕果”两字摆在“枇杷”的盘左上方；并在“硕果”的下方摆上用红萝卜皮雕刻的一个“周”字和一个“承祖”字的落款印方。点缀上一枝枇杷叶，即成。

4. 炒锅里放入鸡浓汤，加入味精、精盐上火烧开后撇去浮沫，用湿淀粉勾琉璃芡，浇在“枇杷”上，即成。

食用时，在“枇杷”上浇芝麻油。

三、特点：形似枇杷，色彩悦目，鲜嫩肥美，利落爽口。

红焖羊肉

一、香料：

孜然：五百克 良姜：三百克 肉蔻：一百克 花椒：一百克 白芷：一百二十五克 白蔻：一百克 砂仁：二百克

香木：一百克 丁香：二十五克 桂皮：二百克 香叶：五十克 碧波：二十五克 草果：一百克 大茴：二百七十五克

草蔻：一百克 小茴：七十五克 山柰：一百二十五克

可制一百五十个。

另加肉锅、油锅。

二、制法：

1. 先做羊头、骨头汤（放葱、姜熬制四至六小时，羊头约二十斤）。

2. 大葱、生姜、大蒜头（各三两）均切成末，待用。

3. 大葱斩切段，生姜三两，拍松，大蒜头三两待用，红椒干二两待用。

4. 炒锅上火入油二斤，加葱、姜、蒜炒透后，放入豆瓣酱二百克，炒透后留下红油（渣装入纱布袋，放入小汤锅，同时放入香料袋（二百五十克），加入十斤羊汤，熬制待用。

5. 羊肉十五斤，清水洗净后，剁成四厘米小块待用，炒锅再上火，放入甜面酱和熬豆瓣酱的红油，并放入白糖二百克、食盐二百克、白酒一百五十克、味精二百克，熬成汁待用，用竹篾子将葱、姜、蒜头、红椒干夹包起来，并用竹签穿住，放入锅中；

6. 锅上火，先放入竹篾子，再在上面放上羊肉块，浇上卤汁、羊肉汤，再放入香料袋、豆瓣酱袋。然后加入味精、一百克红曲粉，用大火烧开，转小火焖四十分钟即成。

出锅时加入一百克孜然粉即可。

三、食法：

1. 焖好的羊肉按标准盛入火锅中，上桌即可食用；

2. 配合羊肉共同食用的素菜，有黄芽菜心、胡萝卜、菠菜、山药、百叶、土豆、粉皮、红枣、木耳、银耳、烤麸、红薯片、冬笋、香菜、海带、西兰芹、蘑菇、青菜、韭黄、油菜等。

3. 配以佐餐的调味碟：糖蒜、红乳、韭菜花、芝麻酱、生抽、蚝油、鸡精、白糖、香醋、香油、豆豉酱等；

4. 随时添加羊骨白汤。

四、烹制红焖羊肉选用的内蒙古大草原的恩和羊的特点：

1. 肉质鲜红、色泽艳丽，摸着紧凑结实；

2. 口感韧性，有嚼劲；

3. 口味清香，回味感强；

4. 羊的胃呈乳白色，没有异味；

5. 入锅烫熟呈淡白色；

6. 散养时间六到八个月出栏；

7. 散养羊的食料是天然牧草。

它体格结实，骨骼健壮。头形略显狭长，鼻梁隆起，耳大下垂，公羊多有角，母羊多无角。颈长短适中。胸深，肋骨不够开张，背腰平直，体躯稍长。其中纯种的乌珠穆沁羊有一个重要的特质是：胸椎有十四对肋骨（一般羊只有十三对）。

内蒙古天然草场辽阔而宽广，总面积位居五大草原之首，是重要的畜牧业生产基地，草原总面积达 8666.7 万公顷，其中可利用草场面积达 6800 万公顷，占草场总面积的四分之一，截至二〇一四年，内蒙古有呼伦贝尔、锡林郭勒，科尔沁、乌兰察布、鄂尔多斯和乌拉盖六个著名大草原。

内蒙古草原生长有一千多种饲用植物，饲用价值高、适口性强的有一百多种，尤其是羊草、羊茅、冰草、披碱草、野燕麦和豆科牧草非常适于饲养牲畜。

草原上的河水基本都由泉水及雪水组成，几乎没有任何污染，人都可以直接饮用，何况是羊群。在内蒙古，屠宰羊的方法都采用掏胸法，而不是内地惯用的抹脖法，使用这种方法杀羊，羊死时因为痛苦小，受到惊吓小，加之死亡速度快，所以羊的肌肉是舒展的，不是因为怕而收缩，放血也彻底，残留的血腥味也小，保证了羊肉鲜嫩色美，营养价值大。

肉质鲜嫩，肥而不腻，吃上一次绝不会再选择其他羊肉了。涮羊肉、手把肉、烤羊腿、红焖羊肉、烤羊肉等，都是内蒙古羊肉的经典做法。

虫草炖裙边

我先把虫草和裙边的生长和药用价值、对人体健康的有益之处介绍一下，以便大家今后在烹饪此类菜肴和食用时，能有所掌握和了解。

冬虫夏草为草菌类植物，寄生于鳞翅目蝙蝠蛾的幼虫体内，冬季菌丝侵入蛰居土中的蝙蝠蛾幼虫体内，吸取其养分，以致幼虫全体充满菌丝而死亡，夏季此菌生于子座，露于土外，基部仍留在土中与幼虫头部相连，故称冬虫夏草。

冬虫夏草生长于海拔三千五百米至五千米的高原草地的向阳丘坡，分布于西藏、青海、四川、云南等地。

甲鱼是我国名贵水产品，自古以来，就以美味滋补闻名于世，深受我国人民的喜爱。甲鱼肉味鲜美，是一种高蛋白、低脂肪、营养丰富的高级滋补食品，具有极高的营养价值。

甲鱼肉每一百克含蛋白质 16.89 克，蛋白质中含有十八种氨基酸，并含有一般食物中非常少有的蛋氨酸，故甲鱼肉具有鸡、牛、羊、鹿、蛙、猪、鱼七味，可见其味道之美。

甲鱼含有易于吸收的血铁，还含丰富的对人身体激素代谢有重要作用的锌，含有大量对骨生长有重要作用的钙。此外，甲鱼还含有许多磷、脂肪、碳水化合物等营养成分。

甲鱼甲壳周围的结缔组织称“裙边”，是甲鱼甲（上边）边缘很软的一周软肉。市场上出售的裙边中，以东亚水域的裙边为多。用其做原料烹调的菜肴有：红烧裙边、鲍鱼裙边、大蒜裙边、白汤裙边、水爆裙边等。

虫草炖裙边做法：

一、原料：

1. 主料：虫草五克，鲜裙边四百克，老母鸡一千克，老母鸭一千克，鲜鸽蛋十枚，熟火腿五十克

2. 配料：葱段二百克，姜片一百克，青菜核十棵

3. 调料：绍酒二百克，精盐五克

二、烹制方法：

1. 先把鲜活甲鱼宰杀后取下裙边，放入开水中烫一下，去净黑皮待用；

2. 老母鸡、老母鸭宰杀后，除去内脏，洗净后放入砂锅，加水烧开后，氽水再加水烧煮并加入葱、姜和绍酒，至鸡、鸭酥烂时待用；

3. 将虫草用开水泡制一小时，鸽蛋煮熟后剥去蛋壳，青菜核开水烫后备用，火腿切菱形片待用；

4. 另取一砂锅，加入鸡、鸭汤，投入裙边、虫草，上火烧开后，再一次调制鸡、鸭汤，再放入葱段、姜片，一起炖至裙边软透后，加入料酒、精盐，最后放入鸽蛋、青菜核即成。

5. 取盖盅十只，分别装入裙边、虫草、鸽蛋、菜核后，装入原汤后，封盖，一起将盖盅放入蒸笼中，再蒸制五分钟后即可各客食用。

三、菜肴特点：裙边软糯，虫草清香，汤鲜味醇，营养无比。

霸王别姬

此菜主料选用上乘的野生甲鱼为原料，配以农村散养的当年仔母鸡，烹制而成。

值得注意的是，甲鱼不宜与桃子、苋菜、鸡蛋、猪肉、兔肉、薄荷、芹菜、鸭蛋、鸭肉、芥菜、黄鳝、螃蟹一同食用。

此菜是借用楚汉之战中“西楚霸王”项羽战败，其爱妾虞姬舞剑自刎，生死离别时的情形制作。

此菜肴选料以甲鱼为“霸王”，仔母鸡为“虞姬”。甲鱼红扒后红润光亮，象征英雄气概。鸡肉氽成鸡球后，爽口细嫩，此示“虞姬”之貌美。在甲鱼壳上精工细作“霸王”脸谱，配之双剑带，更为此菜增光添彩。

原料：

甲鱼一只（约一千克）、水发大冬菇一只、仔光母鸡一只（约一千克）、大葱两根、猪肥膘肉七十五克、生姜二十克、虾黄糕片一百克、上等酱油七十五克、水发海带一百克、绵白糖二十五克、鲜冬笋五十克、精盐十克、蛋黄糕一百克、绍酒五十克、蛋白糕二十五克、味精五克、鸡蛋清二百五十克、鸡清汤四百克、发菜十克、湿淀粉十五克、红辣椒一只、干淀粉十克、青菜叶十片、猪大油一千克（约耗 75 克）、黄蛋皮半张、花生油五十克、芝麻油少许。

制法：

1. 甲鱼宰杀后，留肝去内脏，洗涤干净。把盖取下，入葱姜盐水锅中煮熟、取下裙边，待用。头爪剁下留用，鱼肉改刀成十二块，汆水后，入葱姜油锅中，加酱油、绵白糖、绍酒、精盐少许红烧，入裙边，待鱼和裙边八成熟时，扣入碗中待用。

2. 发菜水泡后，摘净杂质洗净，入笼，加少许精盐、麻油蒸熟待用；冬笋切成秋叶片，青菜叶入开水烫后留用；蛋黄糕用小刀雕刻成两把虞姬宝剑、两把霸王战戟，鸡蛋皮切细卷成两只剑带，红辣椒做剑带和坠边；白蛋糕用小刀雕一个“王”字，用蛋黄糕、白蛋糕、香菇做“霸王”和“虞姬”的眼待用。

3. 先取下鸡脯肉，与猪肥膘分别斩成茸。鸡头入葱姜盐水中煮熟，一剖两开待用。鸡腿、鸡翅斩块汆水后加葱姜、绍酒，上笼，用中火蒸熟，与冬笋片放在甲鱼扣碗上面，上笼再蒸半小时即可。鸡脯肥膘茸同放碗中，加葱姜汁、绍酒、鸡蛋清、鸡清汤少许搅拌均匀，加少许湿淀粉，再搅拌上劲后，入锅汆成十六只鸡球（猪油锅），待鸡球浮起，即挂上琉璃芡汁后，入碗待用。

4. 鸡蛋清打成高丽糊，甲鱼盖先撒上少许干淀粉，将高丽糊涂满甲鱼盖，做成霸王脸形，用海带做霸王的眼睛、黑面纹和鼻子花纹，用红辣椒做红点，用虾黄糕做霸王的脸部红腮，用冬菇做霸王的小胡须；红辣椒做霸王的嘴唇后即成脸谱，再上笼用小火煎三分钟后，取出待用。

5. 取二十英寸大圆盘一只，先把蒸好的甲鱼、鸡块扣入盘中，再将已烫好的青菜叶围在甲鱼四周，上放白汁鸡球。在甲鱼的四周部位镶上脚爪，装上鳖头，把已剖开的鸡头别在甲鱼头两旁，然后把霸王脸谱覆盖其上，镶上鸡眼和甲鱼的眼睛，并镶上甲鱼头上的“王”字。把蒸发好的发菜放在霸王的下巴处，即成胡须。在霸王脸部两侧各放虞姬双剑和霸王戟，并装上剑带即成。在上菜前必须将菜盘入笼，用旺火蒸几分钟，方可上桌。上桌后，先供欣赏，然后另取一盘，取出脸谱，即可食用。

特点：色彩鲜艳，形态逼真，讲究火功，制作精细，烹法多样，味道浓香。甲鱼酥烂，脱骨而不失其形，仔鸡滑嫩爽口而不失其味。在高级筵席中享有盛誉。

附录

《承祖菜谱》序

中国烹饪协会副会长、特一级烹调师　胡长龄

古人云：人生七十古来稀。按古语，我已是跨过古来稀的年龄了，是个八十多岁的耄耋老人。但我身体还硬朗，有人说乍看起来像是六十几岁的人。其实不然，年龄不饶人，这几年我的记忆力就不行了，好忘事，常常回忆不起往事。

最近，连云港的周承祖来信要我给他著的菜谱写序。起初，我着实犯难，和烹调打了六十多年的交道，现在要拿笔杆子做文章，而且是为他人的一本书写序，感到手软。当我想到周承祖的一些事，及与他的一些交往，又有了信心。我尽管记忆力不行，好忘事，但对周承祖其人其事印象却很深，是忘不了的。

第一次认识周承祖是一九六〇年秋天在苏州。我从南京到苏州烹饪学校讲学，周承祖在该校学习，那时候，他大概只有十七岁，是个小伙子。他学习刻苦，肯钻研，成绩很好，在实际操作中也是佼佼者，这给我印象很深。第二次对周承祖的印象是一九七八年在连云港，我担任一级厨师考评工作，周承祖以优秀成绩成为该市第一批一级厨师。

他给我印象很深，除为人率直、热情外，就是他对烹饪事业的热情和

钻研精神，他将自己全部都献给了烹饪事业，十五岁干上这一行，至今已有三十多年了，从干饭店为了单纯的糊口，到今天练就了一手过硬的烹调技艺，成为江苏省特二级烹调师。他没有坐享其成，头脑里一刻也没有停止过对中国烹饪技艺的继承、发展、开拓、创新的思考，用十多年的时间忙里偷闲，在研究大量的民间传统小吃的基础上，走访高龄老人，查阅大量的历史资料，在江苏菜的特点基础上，以自己多年的实践制作经验，总结出富有特点的二百一十六个菜肴品种。他有股勇气，有股信心，用搞烹调的手写出了这本书，是本省乃至国内烹调行业的一件好事，是可喜可贺的，他为社会、为人民做了一件值得称道的好事。

社会在发展，历史在进步，随着社会的发展，人类对饮食的要求也越来越高，那么，菜肴也要发展，要进步，不断丰富，满足人们的生活需要，尤其是在我们这样一个具有悠久饮食文化传统的国家，更需要这样。今天，人们已不再把菜肴仅仅当成填饱肚子的食物，而是提高到审美层次去认识，当成一种饮食文化，不仅仅从色、味上去享受，也从造型和菜肴所包含的内容上去享受，去陶冶心灵，陶冶感情。周承祖对此有深刻认识，在他的菜谱里也得到了充分的反映。在“将相和”菜肴里，通过家喻户晓的典故，旁征博引，对人们循循善诱，予以启发，增强人与人之间的见谅和理解、大度和宽容；再如“张飞过瓜州”，不仅是一道菜肴，人物造型栩栩如生，且又引出一段经典的故事。这样的菜肴品种在他的书里很多，如“霸王别姬”“姜太公钓鱼”等。他还将广帮、川帮、苏帮、鲁帮菜肴特色和清真菜、宫廷菜融为一体。他的油爆墨鱼花，青白相间，色彩清爽，给人精神上一种轻松的享受。例子很多，我就不一一列举了，读者们自会有一番感受。

再就是周承祖对江苏传统名菜在继承的基础上发扬创新、改进传统口味。最值得一提的是，周承祖在海鲜菜肴方案不断创新品种及花式冷盘的拼摆，如海鲜墨鱼蛋，过去很少被人们重视和制作成菜肴，即使吃，方法也很简单，一般以煮蘸食，或红烧、爆炒。周承祖另辟蹊径，想法新颖，把墨鱼蛋逐个撕成片，通过发制，制作成酸辣、红油、清汤、奶汁等各有特色的菜肴，既可供集体用餐，也可分餐。在烹调方法上，继承和发扬了传统的烧、炒、氽涮、炸等技法。如墨鱼一般都用于爆，容易脱水、质老，影响口感，周承祖不循旧法，采用涮或干炸，涮使其形美质嫩，口味鲜美；炸，使其表层不直接受高温影响，菜肴外香酥，里鲜嫩。周承祖对海鲜菜肴的独到想法和制作，具有自己的特点和风格，也形成了中国江苏海鲜菜肴的独特风格，可以说，周承祖是江苏菜肴的代表人物。

冰冻三尺，非一日之寒，周承祖取得今天这样的成绩，是很不容易的。他为这本书呕心沥血，做出了巨大的贡献。深夜别人入睡时，他还在灯下握笔思索，赴外地开会时，他利用别人说笑的休息间隙，在一边悄悄写上几笔菜谱。这本菜谱一字一句凝聚着他的心血。初稿时，他写出千余品种，成书时只有二百一十六个品种，其他都被无情地删去。他对自己负责，对社会后人负责，让最好的菜肴品种保存下来。

功夫不负有心人。周承租终于完成了自己的菜谱，叹了一口很长、很重的气。他是个勇敢的攀登者和不畏艰险的开拓者。春天的鲜花永远属于勇敢的攀登和开拓者。我相信，在烹饪行业上，在社会主义事业上，他永远是个不畏艰险、勇于攀登高峰的人！

因为我了解他。

一九九一年十二月二十日于南京

《承祖菜谱》后记

我是一个厨师，会做菜，懂白案，还会做些简单的点心、面食，就算是不容易的事情。要写自己的菜谱，对我来说那是一件难事，我知道著书并非易事。我体验到了。

写一本《承祖菜谱》，这个念头早在十几年前就产生了。大半辈子和鸡鸭鱼虾、油盐酱醋打交道，从简单的食材初加工、一般的烹饪操作到掌控菜肴的色香味形，尤其从苏州烹饪学校毕业，后陆陆续续地在实际操作中感到，要真正掌握、心领神会烹饪这一行绝非易事。对我来说，产生了要把在实践中摸索掌握的一些烹饪经验总结一下的想法，同时，借此与同行交流、切磋。我忙里偷闲，断断续续、零零碎碎地写起菜谱，有时还把讲给烹饪班学员听的教案细细推敲，写成菜谱，但大部分是在家中的灯下一个字一个字敲出来的。春去秋来，年复一年，一写就是十几个年头，写出了五百多个品种的菜肴，以海鲜为主，共写了三十多万字。后反反复复地筛选，几易其稿，最终选定出现在书上的二百一十六个品种，二十余万字。即使这样，这心里还是忐忑不安，有些品种还不是十分成熟的，加之条件受到限制，尚待进一步完善和成熟。

我深深体会到，烹饪是一门艺术，又是一门科学，可以这样比喻：把它当作一盆绝佳的盆景，美不胜收；当作一尊雕塑，惟妙惟肖，回味无穷；当作一幅画，意蕴隽永，美感醉人。你有多高的审美品位，就有多大的艺术创造力。对烹饪的追求是无止境的，要想进入一种“炉火纯青”的境地，必须几十年如一日地孜孜以求，学而不厌，刻苦钻研，大胆实践，标新立异。连云港这块热土，有着独特的地理位置，濒临大海，南临长江河流，土地肥沃，物产丰富，使我和我的同行们占有一个天然的烹饪优势。只要集前人烹饪精品之大成，以其鲜明的海鲜地方特色，再糅合众家之长，连云港的菜肴一定会有一个大的发展和升华，并逐渐形成自己的完整体系。

我感谢我的前辈——国家特一级烹调大师胡长龄老师，为连云港的海鲜菜肴发展呕心沥血，他得知我在写菜谱，不断给我鼓劲加油，还为我的书作序。我也忘不了连云港市商业局的领导，他们给了我支持和帮助，否则这本书不会这么顺畅地得以出版。还有我的好朋友张文宝老师，和我的几个徒弟，他们在《承祖菜谱》编著过程中，倾注了很大心血，给了我很多关怀和支持。最后，一个驱使我写书的巨大动力就是我的贤内助孙玉兰，她身体不好，却承担了全部家务，将我的工余时间全部归还我，给我一个安宁、无烦无恼的空间，能够静心地写作。

菜谱出版了，这是我对连云港烹饪事业所尽的一点绵薄之力，如果能够推动连云港烹饪技艺的一点演进，丰富人民一点生活，我就十分满意了。

周承祖　谨启

1993 年 3 月 10 日于连云港

连云港“厨王”与胡长龄大师

张文宝

烹饪界是个大森林，走进去才会发现里面充满神奇的色彩，花草丛生，蜂飞蝶舞，百鸟歌唱，欣欣向荣，无比美丽。

一九八九年，周承祖写了一本《承祖菜谱》，出版社邀约我帮助做一些编辑工作，从而，我走近了周承祖老师，走近了连云港烹饪界、江苏烹饪界，认识了连云港新老名师高振江、陈实、刘文春、陈权、董晓明、刘树春、苏正标、吉志强、顾俊生、马兆波，尤其结识了南京“厨王”胡长龄大师。

我曾经两次见到胡长龄。第一次见到胡老是在一个炎热的夏天，当时，他是八十多岁耄耋之人。周承祖在陇海饭店做总经理，兼任南京烹饪技术培训站连云港陇海饭店分站站长，他请胡老来讲评、给一级烹调师发证书。早听周承祖讲过胡老，他是中国烹饪协会副会长、江苏省烹饪协会副会长、南京市烹饪协会副会长、中国烹饪泰斗、金陵“厨王”。

年轻时，胡老在夫子庙贡院东街金陵春掌厨，全称“金陵春中西餐馆”。他曾给少帅张学良当过御厨。

胡老这次来连云港，我有幸看到他给周承祖亲口讲怎样给张学良献艺。

陇海饭店会议室里凉爽爽的，胡老坐在沙发上，头发花白，上身穿着一件浅黄色真丝短袖衫，脚上是一双凉鞋，他眼睛闪光有神，说话中气很足，看起来不像是八十几岁的老人。看完《承祖菜谱》校样，他点点头，对我郑重地说："周承祖是江苏海鲜菜肴的代表人物，没有连云港海鲜菜肴，也就没有江苏海鲜菜肴。"随后，胡老给周承祖讲起一次给张学良做酒宴的故事。少帅张学良将在金陵春宴请上层社会名流林森、邵力子、于右任、吴稚辉等人，预订了四桌燕翅双烤席，金陵春经理江溶先把胡长龄和茶房负责人汤晋怀叫到办公室，表情慎重地通知他们，让做好准备。燕翅双烤席是当时南京酒菜馆中档次最高的一种宴席，所需餐具都是银质的。胡老记忆犹新，讲的细节生动活泼，把菜单一五一十、倒背如流地说出来。

胡老讲了菜单的设计：四花盘、四鲜果、四三花拼，四镶对炒、一品燕菜、黄焖鱼翅、金陵烤鸭、麒麟鳜鱼、菊蟹盒、蜜制山药、砂锅菜核、对镶盐子。两道点心：萝卜丝酥饼、四喜蒸饺；枣泥夹心包、各客冰糖湘莲。

胡老勤于烹饪，为人真诚，谦逊低调，乐于助人，对后辈充满殷殷期望，甘为人梯，不遗余力，用心扶掖。周承祖传承光大了胡老的烹饪技艺和做人品质，以培养后辈为己任，且作为毕生的事业。

第二次见到胡老是在南京。二十世纪九十年代初，全省从南到北下了一场大雪，气温降至零下十三度。冒着严寒，周承祖带着我去南京"见世面"。一路上，冰天雪地，洪泽湖大堤"九曲十八弯"的公路上积雪深厚，我们坐的第一代桑塔纳轿车举步艰难，不是打滑难以前行，就是常常滑到路边。我和周承祖边坐车边推车，如履薄冰，好不容易到了南京。

在南京那边，胡老等待着周承祖。见到我们，他满脸笑容，用滚烫的胸怀拥抱了我们俩，我和周承祖顿时心里如春回大地，无比温暖。

在江苏酒家，胡老宴请周承祖和我，他请来南京饮食服务公司的袁野老师，还有朱宝鼎、周军、宋佳陵秘书长陪同。菜肴不多，食材也是普通的，但吃在嘴里觉得平生从没有品尝过，是一顿上档次的饭菜。在南京出入几家饭店，吃了几顿开眼界的饭菜，我才知道，什么是高档菜肴？怎样欣赏和享受高档菜肴？应该怎样去做它们？

与其说是在南京享受“山珍海味”，不如说是在交流江苏菜肴。胡老传授了一些烹制方法，如金陵传统风味名肴之一的炖生敲，这道菜肴有着三百多年的历史。周承祖讲了连云港朐海菜，公元前二百一十二年在海州建朐县，立石阙，作为“秦东门”，从此就有了海州菜肴，也就是今天的连云港菜肴。胡老肯定了朐海菜，他说，这跟连云港地理环境分不开，连云港靠大海，有各种海鲜水产品；连云港还有花果山，山上有各种山珍野味；另外，还有各种河鲜、湖鲜，烹饪食材取之不尽、用之不竭。

胡长龄给了周承祖一个烹饪“大森林”，周承祖找到了烹饪的真谛，有了人生目标、信念、价值、德操，有了臻于佳境的烹艺，成长为连云港人人皆知的厨艺大师，最终成为连云港一代“厨王”。

他是一个角儿

刘　毅

黄昏，民主路老街。

我们端坐在一座有着百年历史的老房子里，斜阳从木窗棂的玻璃中照进来，明亮而又温暖。我坐在周承祖对面，听大师娓娓而谈。这时的周大师，周身散发着慈祥、平淡、随和的气质。

这个剪影，好多年以后，还清晰地印刻在我的脑海中。

因为周承祖的至交文宝兄是我的学友大哥，我曾主编过地方刊物的美食版，又在餐饮协会兼职，所以与周大师走得近一点，算起来和大师相识二十多年了。

周大师如今年近八旬，但身体矍铄，思维相当敏捷，语言逻辑性极强。每次和他见面，都有一种如沐春风的感觉。

最喜欢和周大师一边喝他亲自带的茶，一边聊餐饮。有一段时间，我总是弄不清板浦滴醋与镇江香醋的区别，遂请教大师，周大师说：镇江醋适合拌凉菜，香甜而浓郁；板浦醋适合蘸海味，因为它清冽爽口，本身就带着三分鲜。

几句评价寥寥数语，精辟而准确，让我茅塞顿开。

大师有大师的风范，同样有民间的情怀。

周大师能做满席的山珍海味，又能做最接地气的家常小炒。有一次，他向我们介绍他的拿手菜，其中就有一道叫水炒韭菜。无论是餐厅大厨或家庭主妇都认为，韭菜必须沥干水分干炒，因为韭菜自身含水量高。大师介绍说：洗好的韭菜不必沥干，旺火热油，在韭菜入锅的一刹那，利用水分形成的蒸气将韭菜呛熟，鲜嫩又不失其形。

回家后我尝试做了多少次，仍然不得要领。忽然顿悟：餐饮的活是需要修炼的。

和周大师接触得多了，逐渐了解了他的身世。

他经历过太多的人生磨难。童年失去至爱双亲，青年时无处栖身的他常年睡在面袋上，中年时遭遇过不公正的待遇……

他也经历过太多的幸运。在市体育馆，无数人见证了他 1 分 46 秒活炒仔鸡创造的奇迹；他如今桃李芬芳，遍布港城。

他将那么多的磨难揉搓成自我救赎的绳索，向着人生的更高处攀缘；他将那么多的幸运珍藏在心底，凝聚成积极向上的力量。

他从一个普通的餐饮学徒工，一步步迈进国家级烹饪大师的行列，堪称人生励志的典范。

如今的周大师，已颠不了那沉重的铁勺，但他没有停下脚步，改为专心研究餐饮理论，并多有建树。他和港城餐饮界一群有识之士提出“朐海菜”菜系的观点，并在实践和理论上予以探索。

连云港看似偏居一隅，但依山傍海，特别是海鲜食材极为丰富，为菜肴自成一派奠定了基础。周大师毕其一生研发的经典菜肴“花果黄鱼”“莲花海参”“鸡汁枇杷虾”“油爆墨鱼花”等，正是“朐海菜”的代表之作。

心有多大，舞台就有多大。

在连云港市餐饮界，周大师虽然已经退休了，但他始终没有谢幕，他依然站在舞台的中央。

因为他是一个角儿。

承祖大师印象

庞　涛

美食家的品味，
飘在传说，香在餐桌。
半个世纪的执着，
不改事业钟情的炽热。
可感动我的，还是生活！
一次厨艺展示，
沉淀几十年的思索。
回味故事，创悟道业，
不是哪道菜的独特，
而是他用沧桑的食材，
烹饪出的魅力人格。
居然，那么经得起咀嚼。

2020 年 9 月 4 日

听烹饪大师谈朐海菜

陈　武

周承祖先生的名字，我在很多场合都听说过，比如在某饭店吃饭时，做东的朋友会得意地介绍说，这家饭店的主厨是谁谁谁，末了，会加一句，某某某是周承祖的徒弟。著名作家张文宝先生也会在不少场合提起周大师，特别是当说到朐海菜的时候，总会适时地介绍周大师的经典专著《承祖菜谱》，还会推荐周大师的几道拿手菜。所以，几十年来，关于烹饪大师周承祖先生，我不仅多有耳闻，还多次品尝过由他提倡的“朐海菜”，至于他徒弟或徒孙辈们烹制的美味佳肴，就更是不计其数了。

2020年五月前后吧，和张文宝闲谈，说起周承祖大师有一本自传体的图书要出版，他向我咨询关于出版方面的情况，就这样，我和周大师有过几次晤面和交谈。周大师给我的印象极好，身体健朗，目光有神，思路清晰，说到他感兴趣的话题时，节奏感很强，且层次分明。我们都知道，朐海菜最初的提倡、实践、提高和推广者就是周大师。有一次，饭前品茗闲谈，说到朐海菜，周大师的话多了起来，他认为目前的朐海菜，在宣传和推广上还有待加强。朐海菜的特色就是海鲜，但目前连云港本地的海鲜制作、烹饪技法等，有特色和个性的不多，因此没有在全国烹饪界叫响。

特别是本地潮间带的小海鲜，和南海、东海等深海海域里的海鲜非常不同，味鲜，制作简易，可以小吃，也可以制作大菜，而且价格和其他海滨城市相比，优势比较明显。下一步应该在个性展示和品牌包装及宣传上再加大力度。我们听了，都觉得非常有道理。

每次和周大师晤面、闲谈，都会有不一样的收获。印象较深的是，那次我们品尝了由他的徒弟掌厨的一桌海鲜，席间，给每人上了一道海参，盛器考究，汤汁浓稠，口感鲜滑、黏糯，是上等美味。

话题自然就从海参开始。我讲了两个段子。有一次，我和几位朋友分乘几辆车去内蒙古草原玩，和我同车的是一位出版家。长途无聊，我们各自讲了做菜的手艺，我讲了红烧肉的三种做法，又讲了海蜇的几种做法和吃法，出版家大受启发，在提供了几道鲁菜的手艺后，略微转移了话题，说到他不久前吃的海参，那是他人生当中吃的最好的海参。为什么好？因为海参是量子海参。现在的海参大多都是养殖的，野生海参基本上吃不到了。但是，出版家说，量子海参的口感比野生海参还要嫩、软，味道无与伦比，且营养更为丰富。我主要是对量子海参“存疑”，让其具体说道说道。出版家当然也说不出个子丑寅卯来了。第二个段子是说一位作家的“油炸海参”。有人送了几盒海参给作家。作家当然知道海参是好东西了，但一个人不值得费事去做。有一次，家里来了两位客人，也是写作上的朋友，作家想展示一下厨艺，说今天就不出去吃了，我做海参给你们吃。于是两位客人在客厅下棋。作家在厨房叮叮当当忙了半天，菜终于端出来了，是几道时蔬和青椒炒鸡蛋，还有一盘煎得黑乎乎的不知是什么菜。待到酒满上，开始喝酒时，客人问，海参呢？作家用筷子一指说，这不是？油炸的。作家的海参没有发，直接下锅油炸了。客人一看，脸都绿了。作家自己夹一个在嘴里，像钢筋一样坚硬，根本无法吃。

周大师听了后，也被逗乐了，接着便跟我们普及起许多关于海参的基础知识，仅海参的品种和产地就列举了数种。最后说海参的产地中，格最高的是辽宁渤海湾的刺参，不仅营养价值丰富，口感也好。周大师跟我们讲了辽参的发泡过程，并强调，重点在发泡上。一般的辽参，要先用开水发泡，再用冷水发泡，共需要 72 小时，就是整整三天。开水的发泡时间和冷水的发泡时间，要根据海参自身的情况来定。开水发泡时间短了或长了，冷水发泡时间短了或长了，都会影响烹制和口感。我相信周大师的话，就像同样的食材，同样的调料，同样的厨房，同样的灶火，同样的刀功，不同厨师做出来的菜，口味就是不一样，问题出在哪里呢？就是在一个火候的把控上。海参的发泡，就像炒菜的火候，是门只可意会的技艺，仅靠传授，不一定能学得到精髓。

关于发泡的技巧，周大师也只是点到为止。但他从侧面举了一个例子，也能说明厨艺中火候掌握的重要性。周大师讲了朐海菜系中一道有名的“西施舌”。西施舌就是海州湾最好的贝类之一文蛤，文蛤的做法有多种，“西施舌”也是多位厨师的拿手菜，但是，经过周大师的调试、改良和再创造，使这道菜在品和格上，都提高了一个档次。特别是依时节添加的海州过寒菜，使这道菜更具别样的看相和口感，汤白如奶，味浓鲜醇。听了周大师的一番精彩论道，我感觉，厨艺中的火候，就仿佛是文学创作中的度的把握，非一言两语可以说透的。

每次听周大师谈朐海菜，都仿佛在赴一场美食的盛宴，不仅能从理论上提高对美食文化的认知，还能提升自己的烹饪技艺。有一次，他无意中说出了他对朐海菜的另一大贡献——给食材命名。这可了不得，许多烹饪大师都能够根据菜肴的特色，给菜命名，而给食材命名或改名，并约定俗成，可以说是周大师对朐海菜系的独特贡献——这就是著名的“象牙贝”。

象牙贝是海州湾的特产，质量以海头一带所产为最佳，市区各大饭店的用料大都来自海头。周大师当年在黄海饭店担任主厨时，送货的海头当地人都称这种贝为“鸟贝”，即像鸟嘴一样。周大师觉得鸟贝不好听，服务员上菜时，报菜名也似乎不雅。他经过仔细观察研究，说此贝像鸟嘴当然没错，但其色和形更像象牙啊，他灵机一动，就给改名为“象牙贝”了，“爆炒象牙贝”或“油浸象牙贝”，听听，又雅又上口又好听。而且周大师还跟送货的海头人讲，回去通知渔民兄弟们，以后不要再叫鸟贝了，就叫象牙贝。几十年来，象牙贝的名字就这么固定下来了。

至于周大师提到的朐海菜在宣传力度和开发力度上还不够，我也有同感。近日看微信朋友圈，列数了江浙沪三地的一百种特色小吃，就没有一道属于朐海菜系的。我想，以后周大师的徒子徒孙们，应该在朐海菜的开发、命名和宣传力度上，再加把劲了。

2021年1月19日匆匆草于北京常营天街

烹坛有了“国家大师”

经国家国内贸易部（局）饮食服务业标准化技术委员会评定，王义均等五十五人获中国烹饪大师称号，边兴华等四十八人获中国烹饪名师称号。名单如下：

中国烹饪大师

王义均　刘国柱　孙立新　李启贵　赵嘉祥　王鸿业　靖三元
王占地　孙晓春　杨增荣　邱　顺　刘国栋　刘敬贤　戴书经
王久章　王万祥　唐　文　张汝才　王春山　李耀云　葛贤萼
白楚豪　范民其　周金华　胡长龄　徐永珍　薛泉生　周承祖
胡忠英　王仁孝　陈效良　强木根　童辉星　黄正军　颜景祥
苏国渊　吕长海　赵继宗　卢永良　卢玉成　许菊云　聂厚忠
黄振华　林壤明　史正良　卢朝华　吴万里　张正雄　陆发荣
李奉恭　杨泉明　焦福成　马风义　孙应武　赵仁良

中国烹饪名师

边兴华　顾九如　王　荣　刘　刚　于润潭　刘国利　李连群

庞　煜　刘志娟　郭海旺　周围良　张世泉　夏德润　张金坡

任家常　刘　生　王致福　董嘉荣　潘晓林　倪国勤　林　量

王俊人　欧阳仟来　李培雨　初立健　程卫华　毛义敦　郭彦生

余明社　汪建国　莫建军　肖原培　张　勇　徐丽卿　唐泽全

周心年　李　清　韩明生　袁长川　赵长安　马利民　夏长志

张故新　王振声　候煜瑞　彭建设　温　荣　费勤民

《中国商报》第 52 期 2000 年 4 月 27 日

江苏菜系全省各市及省直机关的名人名师

省直系统的名人名师：

李恩华　徐鹤峰　花惠生　周明元　张鸿儒　陈景华　周妙林
邵万宽　牛　坤

南京市的名人名师：

胡长龄　杨继林　朱春满　薛文龙　袁　野　严正渝　陈忠丽
沈家华　曹春红　陈家毅　戴尔发　吴俊生　胡　畏　薛大磊
缪　进　宋佳玲　张　迅　朱宝鼎

无锡市的名人名师：

都大明　张振楣　倪庭鹤　刘毛度　龚耀明　濮泉焕　惠洪生
叶祖仁　金克德　高浩兴　李海兴　仰振华　倪伯荣　杨国兴
胡晓明　季裕财　蒋伯兴　施道春　陆俊千　朱建兴　杨建兴
吴协平　张献民　金德美

徐州市的名人名师：

尹玉考　王传礼　张士魁　秦国柱　闰俊荣　王成珍　胡德荣
殷汝伦　王献立　秦忠义　卢志祥　张庆华　刘金明　刘福民
季广辉　纵兆敏　王树长　韩永健　尹淑华　商学兵　张　涛
朱诚心　宋开炳　徐守富

常州市的名人名师：

史国生　朱顺才　周永荣　潘国庆　王劲　方兆兴　唐志卿
周泽清

苏州市的名人名师：

陆文夫　华永根　张祖根　吴涌根　屈群根　刘学家　陆焕兴
朱阿兴　董嘉荣　朱龙祥　田建华　茅振华　刘锡安　张建中
朱良培　李俊生　毕建明　曹　健　屈桂生　屈桂明　林金洪
徐树康　王长云　陆振兵

南通市的名人名师：

巫乃宗　刘树岚　倪金泉　马树仁　吉祥和　张兰芳　汪伟东
张继华

连云港市的名人名师：

孙松林　金少卿　朱建余　卞家才　周承祖　高振江　李登年
刘文春　韩　亮　陈　权　吉志祥　董晓明　高文清　苏正标
刘树春　杨训忠　潘树业　张跃宝　郁正玉　陈　实　张荣林

庄国强　成树华　王新军　顾俊生　孙士宝　刘海鸿　王　浩
江舜军　马兆波　王长征　陈明生　吴健生　吴新华　董　健
丁　海　朱正兵　牛启明　王宝忠　潘　毅　周湘屏　尹洪斌
王华萍　武宜琴　陶　莉　陈桂芳　王伟华

淮安市的名人名师：

张文显　孙宝仁　王素华　屠兆福　田德俊　孙锦奎　吴志华
相进军　冯祥文　毛玉平　蔡俊明　杨发明　李永林　郭春荣
张爱萍　刘文勇　姚寿坤　汪卫星　丁士宝

盐城市的名人名师：

王荫曾　吕士忠　韦正代　陈福涛　何　青　王文彬　袁树春
刘国峰　黄建兵　季　军　王益群　韩　民　吕新荣　管正军
徐万青　潘毓军　沈建祥　张子坤　张　军

扬州市的名人名师：

萧美人　陈东官　王　磬　曹　寅　文　思　汪　藩　李　斗
林苏门　伊秉绶　汪曾祺　聂凤乔　陶文台　李魁南　王立喜
陈春松　张玉琪　陈恩德　居长龙　周晓燕　徐永珍　薛泉生
郑连安　杨玉林　萧太山　董德安　方乃根　吕正坤　莫有庚
王万谷　张广庆

镇江市的名人名师：

吴荣生　潘镇平　顾克敏　吕小健　周鹤銮　鄂秀萍　汪冬生

俞加仁　郭祥海　李传信　李德元　睦越江　周长顺　潘小峰

泰州市的名人名师：

张锦秀　王友吾　陶晋良　罗友华　葛建桥　周银喜　戴正国

张集琼　傅　明　闻启元　吴荣根　唐亚林　朱田祥　李顺林

唐绕脐　戴根林　曹顺安　陈宏杰　宋玉培　徐年海　丁　俊

陈益民　卢桂生　贾甸华　周　进　赵　群　方培力　周艳池

钱　丽　饶玲玲

宿迁市的名人名师：

吴加杰　谢友光　毕吕俊　裴成炜　许彩宏　孙　韬　陈　波

朱殿荣　丁桂平　赵志全　黄金德　李守勤　陈学斌　高慎森

张　伟　贾江峰　何庆春